COLLECTION
ROLF HEYNE

RAINER SCHMIDT

TEE

DER GUIDE
FÜR KENNER UND GENIESSER

Mit Fotos von Lutz Hiller

WILHELM HEYNE VERLAG
MÜNCHEN

Bildnachweis:
Die Produktaufnahmen stammen von Lutz Hiller, das Foto auf Seite 156 vom Tee-Handels-Kontor, Bremen, alle übrigen Aufnahmen vom Autor.
Die Karten zeichnete Marina Faggioli-Herold.

Umschlaggestaltung: Christian Diener, Berlin,
unter Verwendung von Fotos von Lutz Hiller
Grafische Gestaltung und Satz: Rita Gerstenbrand, Garching
Druck: RMO Druck und Repro, München
Printed in Germany
ISBN 3-453-11526-0

Inhalt

VORWORT

Tee wird auf der ganzen Welt getrunken, und die Scharen der Teetrinker sind kaum überschaubar. Doch es gibt einen feinen Unterschied... Manche trinken ein heißgebrühtes Getränk aus Pfefferminze, getrockneten Früchten oder Heilkräutern. Andere genießen, liebevoll serviert, die – nach meinem Geschmack – einzig wahren Tees: schwarze und grüne.

In meinem Tee-Guide stelle ich sie Ihnen vor. Ich erzähle Ihnen, wo und wie sie geerntet und verarbeitet werden, und natürlich verrate ich Ihnen auch, wie sie schmecken.

Leider finden die nahezu 15 000 Teegärten der Welt nicht alle Platz in diesem schmalen Buch, doch diejenigen, die ich beschreibe, werden Ihnen sicherlich gefallen. Sie liegen in Indien, China, Japan und auf Sri Lanka, das in der internationalen (englischen) Teesprache noch immer hartnäckig „Ceylon“ genannt wird.

Die Produkte dieser Teegärten – von den feinsten Sorten bis zum Aufgußbeutel – finden Sie in gut sortierten Spezialgeschäften, zum Teil auch in den Regalen der Kaufhäuser und Supermärkte. Obwohl die Herkunftsländer gewiß eine Traumreise wert sind, sollen Sie Ihren Tee selbstverständlich auch zu Hause optimal genießen! Daher finden Sie hier eine ganze Reihe von Empfehlungen für den Einkauf: besondere Tips zu den verschiedenen Sorten und eine Liste guter Händler. Sollte gerade Ihre bevorzugte Quelle nicht vertreten sein, bedenken Sie, daß dieser Führer nur eine kleine Auswahl der mittlerweile mehr als 2000 Teeläden in Deutschland, Österreich und der Schweiz bieten kann.
Mit Liebe und Sachverstand stellen dort engagierte Fachkräfte das Sortiment zusammen und beraten Sie. Tauchen Sie also ein in die faszinierende Welt des Tees und „schmecken" Sie sich durch, bis Sie Ihren Lieblingstee gefunden haben. Vergessen Sie jedoch nicht, daß der Teegeschmack stark vom Leitungswasser Ihres Wohnortes abhängt. Das wußten Sie gar nicht? Kein Problem! Sie erfahren hierzu alles Wissenswerte und werden zudem mit der hohen Schule der Teezubereitung und des Teetrinkens vertraut gemacht.
Brühen Sie nun am besten gleich einen guten Tee auf – ein gestrichener Teelöffel pro Tasse, etwa drei Minuten ziehen lassen. Sie machen das ganz anders? Nun, dann wird es wirklich Zeit, daß Sie umblättern und mich auf einer genußvollen Reise durch die Welt des Tees begleiten.

Rainer Schmidt,
im Sommer 1997

Teeherstellung

DIE PFLANZE

Tee gehört zu den Gewächsen, die im tropischen bis subtropischen Gürtel rund um den Äquator gedeihen. Man unterscheidet zwischen zwei Grundpflanzen: Thea sinensis und Thea assamica.

Thea sinensis, die Chinasaatpflanze, wächst in Höhenlagen bis zu 2500 Meter und kann sogar kurzzeitig etwas Frost vertragen. Ihre ursprüngliche Heimat ist das südchinesische Hochland. In Darjeeling zum Beispiel, wo es noch viele Original-Chinasaatbüsche gibt, ist ein Alter von 120 bis 140 Jahren bei diesen Pflanzen keine Seltenheit. Die in den „Teegärten" (*teagardens*), wie die Plantagen in der Fachsprache heißen meist auf Hüfthöhe gestutzten Pflanzen erreichen im freien Wachstum buschartig 6 bis 8 Meter Höhe, die zarten, länglichen Blätter werden ungefähr daumengroß. Die Tassenfarbe des aufgebrühten Tees ist sehr hell und gelblichgrün; sie wird daher als „dünn" bezeichnet. In

Erntebereite Teeblätter

Geschmack und Duft ist dieser Tee jedoch sehr aromatisch und zeichnet sich durch ein mildes, blumiges und feines Flavour aus. Er eignet sich weniger für Aufgußbeutel, da das dezente Aroma nur schwer das Filterpapier durchdringt und die Tassenfarbe gewöhnlich zu hell ist.
Im Zuge des ständig wachsenden Bedarfs an Aufgußbeuteltees verliert diese Pflanze allerdings mehr und mehr an Bedeutung. Außerdem ist der Ertrag deutlich geringer als bei der *Thea assamica.* Über deren Ursprung lassen sich nur Vermutungen anstellen. Zwar hat man wilde Exemplare in den Urwäldern des Dreiländerecks Burma–Bangladesh–Assam gefunden, jedoch keine endgültige Bestätigung für eine entsprechende Herkunft erhalten. Es könnte ebenfalls Südchina sein.
Die Assamsaatpflanze gedeiht hauptsächlich in der Ebene oder im Sumpfland. Ohne Beschnitt kann sie baumartig bis zu 18 Meter hoch werden. Die Assamhybride hat drei- bis viermal so große Blätter wie die Chinasaatpflanze, wächst recht schnell und bringt daher reichlichen Ertrag. Man fin-

120 Jahre alte Teebüsche in Darjeeling

det sie vor allem in Assam, im südindischen Flachland und im Lowgrown-Gebiet von Ceylon.
Neben hohem wirtschaftlichen Nutzen zeichnet sich diese Pflanze durch ihren kräftigen und würzigen Geschmack aus. Die dunkle Tassenfarbe ist nicht nur ideal für Aufgußbeutel, sondern auch für die maschinell hergestellten CTC-Tees.
Mittlerweile gibt es so viele Kreuzungen von China- und Assamsaatpflanze, daß man artenreine Exemplare nur selten findet, und Neupflanzungen werden kaum noch durch Ansaat realisiert. Heute sind die meisten Teesträucher Züchtungen und stammen von Gewächsen ab, die entweder hohen Ertrag bringen oder ein Blattgut, das den wirtschaftlichen Erfordernissen des Produzenten entspricht. Hierbei haben sich regionale und sogar plantagenspezifische Sorten entwickelt.
In den Research-Instituten der Anbauländer (vergleichbar mit hiesigen Versuchsanstalten für Obst- und Gemüsekulturen) werden die Stecklinge getestet, entwickelt, beobachtet und dann an die Pflanzer weitergegeben. Überraschungen hinsichtlich der Erntequalität sind daher die Ausnahme, während sie beim Einsatz von Saaten nie auszuschließen sind.

Die Teepflanze

Thea sinensis	(Chinasaat) = helle Tassenfarbe, feines, zartes Aroma
Thea assamica	(Assamsaat) = dunkle Tassenfarbe, kräftiges, deftiges Aroma

Ernte und Produktion

Tee wird auch in unserem hochtechnisierten Zeitalter meist von Hand gepflückt. In vielen Anbaugebieten können die hüfthohen Sträucher bei günstiger Witterung im Abstand von eineinhalb bis zwei Wochen beerntet werden. Man pflückt dabei frische Blattknospen oder kleine, bereits aufgegangene Blätter. Eine gängige Formel lautet *two leaves and a bud*, also zwei Blätter und eine Blattknospe, man erntet aber alles, was seit der letzten Pflückung nachgewachsen ist. Für die orthodoxe Teeproduktion ist es wich-

Teepflückerin in Assam

tig, daß die Blätter nicht zu groß und nicht zu alt sind. Ältere Blätter sind sehr hart und lassen sich bei der Herstellung nur schwer bearbeiten.

ERNTEMETHODEN

In Indien, Indonesien, auf der Insel Sri Lanka (Ceylon) und teilweise auch in China sind es Frauen, die mit geschickter, flinker Hand die Ernte durchführen. In Afrika, Japan sowie auf Taiwan (Formosa) hingegen übernehmen häufig Männer diese Arbeit. In der indischen Teehochburg Darjeeling werden bislang keine Maschinen zur Ernte eingesetzt. In Assam zum Beispiel kommen große, von zwei Männern getragene, heckenscherenartige Geräte zum Einsatz, bei denen das Blattgut in einen großen Baumwollsack geblasen wird. Sie stammen aus Japan, wo nur noch zehn Prozent der Ernte manuell erledigt werden. Hier hat man extrem kleinblättrige Pflanzen gezüchtet, die sich zudem sehr gut zur maschinellen Pflückung eignen.

Blick auf die Plantage Singell in Darjeeling

In Südindien, auf Ceylon und mitunter auch schon in Afrika erntet man die Teeblätter mit Handscheren, die beinahe aussehen wie eine Kehrschaufel mit gezackter Kante, über die ein Messer gleitet. Mit diesem Gerät läßt sich der Strauch gleichmäßiger bearbeiten, und der tägliche Ertrag einer Pflückerin fällt deutlich höher aus. Diese Methode kommt vor allem dann zum Einsatz, wenn die Erntemenge (z.B. während der Regenzeiten) zu groß ist, um sie allein mit manueller Arbeitskraft zu bewältigen.

Natürlich gibt es auch große Erntemaschinen, traktorähnliche Gebilde mit Schervorrichtungen, die Rasenmähermessern ähneln. Der Arbeiter, dessen Sitz die Teesträucher weit überragt, fährt Reihe für Reihe ab, und die abgeschnittenen Blätter und Astteile werden pneumatisch in einen großen Metallbehälter oder riesigen Baumwollsack befördert. Ich habe diese Maschinen im Kaukasus (Georgien) und in Kenia selbst gesehen, und mittlerweile dürfte es sie auch in anderen Teeanbaugebieten geben.

Die Vor- und Nachteile einer maschinellen Pflückung liegen klar auf der Hand: Einerseits sind die Erntekosten deutlich niedriger, da man weniger Personal benötigt. Die Maschinen eignen sich jedoch nur für verhältnismäßig ebenes Gelände und kaum für die Berge. Als nachteilig erweist sich ferner die fehlende Selektion der Blätter, häufig werden sogar Wildkräuter mit verarbeitet. Ausgebildete Pflückerinnen und Pflücker dagegen wissen genau, welches Blatt sich für die Teeherstellung eignet. Sie sind in der Lage, eine Vorauslese zu treffen, und können sogleich fremdes Blattgut entfernen oder Veränderungen an den Teebüschen feststellen.

Vor allem in den unwegsamen Bergregionen Ceylons und Indiens (Darjeeling, Nilgiri) oder der chinesischen Provinz Anhui bleibt nichts anderes übrig, als den Tee von Hand zu pflücken. Die Ernte ist hier in der Tat sehr mühsam: Teilweise müssen die Pflückerinnen sich mit einer Hand am Strauch oder anderswo festhalten, um auf dem steilen Gelände nicht abzurutschen. Die Blätter sammeln sie in einem Bastkorb oder Leinensack, den sie meist auf dem Rücken tragen und später zur Fabrik bringen – oft zwischen 25 und 30 Kilogramm! Mindestens zweimal täglich trifft man sich an den Wiege- und Sammelstellen, um das Blattgut abzuliefern und es begutachten und wiegen zu lassen, denn vielerorts gibt es keinen Stundenlohn, sondern man richtet sich nach der Erntemenge. Die grünen Teeblätter werden nun schnell auf groben Maschendraht gelegt, der sich in langen, trogartigen Behältern befindet. Dabei darf die Schicht nicht zu dick geraten, damit ausreichend Luft an das Blattgut gelangt und der Trockenprozeß, der nun beginnt, reibungslos verläuft.

ORTHODOXE TEEHERSTELLUNG

Bei der Herstellung schwarzen Tees läßt man die Blätter ungefähr zehn bis 13 Stunden welken. Bei grünem Tee dagegen beginnt man sofort, spätestens aber eine Stunde

Täglich zweimal trifft man sich in der Fabrik, ...

nach dem Pflücken, die Blätter mit Wasserdampf oder durch leichtes Rösten in einer Pfanne zu behandeln. So hindert man die in den Blättern enthaltenen Enzyme daran, die – bei grünem Tee unerwünschte – Fermentation in Gang zu setzen.

Aber bleiben wir zunächst einmal bei der Schwarzteeproduktion. Nach etwa 13 Stunden sind die anfangs knackig frischen, dickfleischigen Teeblätter welk und ledrig schlaff geworden – genau dieses Stadium ist erwünscht. Jetzt kann man damit beginnen, die Blätter aufzubrechen, damit der Zellsaft austritt und sich mit Sauerstoff verbindet. Durch das Oxydieren verändert sich seine grüne Farbe zu einem bräunlichen, fast kupfernen Rot. Dieses Verfahren nennt man „Rollen der Blätter“: Das Blattgut liegt auf großen runden Tischen, über die sich ein schwerer Zylinder bewegt, der es immer wieder durchwalkt. In die Tischfläche eingelassene Metallbuckel bewirken, daß die Blätter sich drehen und somit von allen Seiten gleichmäßig angedrückt werden. Dabei entsteht natürlich (teilweise gezielt)

...um das gepflückte Blatt begutachten und wiegen zu lassen.

sehr viel Bruch, und die später durch Absieben sortierten Blattgrade (Größe der Blätter bzw. Blatteile) werden entscheidend beeinflußt. Nach 20 bis 30 Minuten sind die Blätter in der Regel soweit geöffnet, daß die Oxydation einsetzt und die Farbe des Zellsaftes sich verändert.

Nach dem Rollen wird die feuchte Blattmasse in einem Rüttelsieb so bearbeitet, daß eventuell vorhandene Klumpen aufgelöst werden und ein ziemlich gleichmäßiges, feuchtes Blattgut entsteht. Diese gerollten und gesiebten Blatteile lagert man etwa zwei Stunden in dünner Schicht auf dem Boden eines kühlen und feuchten Fermentationsraums. Geruch und Temperatur werden beständig überprüft. Eine längere Fermentationsdauer ergibt gewöhnlich kräftige, dunkelfärbende Tees, eine kürzere hingegen eher aromatische und blumige.

Damit die Blätter nicht zu gären beginnen, bemüht man sich, ihnen schnell die Feuchtigkeit zu entziehen. In einem großen Ofen durchläuft der Tee in breiten, fachartigen Kästchen verschiedene Hitzezonen, nach etwa 20 Minuten

Der gerollte Tee wird zum Fermentieren ausgelegt.

kommt er (fast) fertig heraus. Die Trocknung der feuchten Blätter hat bewirkt, daß sich die während der Fermentation und Oxydation gebildeten Farb- und Geschmacksstoffe an das Blattgut angedockt haben.
Dieser „Dryer-mouth-Tee“ ist jedoch noch nicht ganz fertig, denn er besteht noch aus unterschiedlich großen Blättern, die nun voneinander getrennt und sortiert werden müssen. Die einzelnen Blattgrade gewinnt man in einem recht komplizierten System, das bis zu 18 verschiedene Aussiebungen vorsieht. Jeder Grad wird nochmals untersucht nach Stalks (Rippen, Stiele und Stengel der Blätter), entweder durch Maschinen mit leichter elektrostatischer Aufladung – die Stalks haben einen anderen Feuchtigkeitsgehalt als der Tee – oder durch geschickte Frauenhände, sofern es sich um Blatt-Tees handelt.
Frisch hergestellter schwarzer Tee duftet selten, erst wenige Tage später, wenn die Hitze aus den Blättern abgezogen ist, entfaltet er seinen typischen Duft.
Bei Schwarztee gibt es in den meisten Teefabriken für jeden Blattgrad besondere Sammelbehälter. Es wird so lange gesammelt, bis eine *Invoice* (Partie) beisammen ist. Als Partie bezeichnet man gewöhnlich eine exakt abgewogene Menge, außerhalb Chinas mindestens 100 Kilogramm, selten jedoch mehr als zehn Tonnen. Häufig handelt es sich dabei um Tagesproduktionen (Pflückungen) eines bestimmten Feldes oder Gebietes. Typisch und unverwechselbar ist die laufende Partienummer, Invoice-Nummer genannt.

Maschinelle Teeherstellung

Eine andere Produktionsmethode ist *crashing, tearing and curling*, abgekürzt CTC. Hierbei schüttet man die Teeblätter nach dem Welken in eine Maschine mit zwei gegeneinander laufenden Walzen, die mit einem scharfkantigen Wabengeflecht versehen sind. In einem schnellen Arbeitsgang werden die Blätter zerdrückt (crashing), danach zerrissen

(tearing) und anschließend beim Austreten aus den Walzen leicht gedreht (curling). Bei dieser Herstellungsmethode läßt sich weniger sorgfältig gesammeltes Blattgut verwenden, denn die Maschine zerkleinert die Blätter zu feinen Partikeln. In manchen Plantagen läßt man das Blattgut mehrere CTC-Maschinen nacheinander durchlaufen, damit es auch wirklich so zerkleinert wird, daß einheitlich bis zu 80 Prozent PF (*Pekoe Fannings*) und PD (*Pekoe Dust*) gewonnen werden können.
Dies ermöglicht auch die Herstellung preiswerter Aufgußbeuteltees. Von CTC-Tees benötigt man lediglich 0,3 bis 0,5 Gramm für eine Tasse. (Im Vergleich dazu: Die vorher beschriebene sogenannte orthodoxe Teeproduktion verlangt meist 1,5 Gramm pro Tasse.) Leider bleibt das zarte und blumige Aroma dabei meist völlig auf der Strecke. Man gewinnt fast nur kräftig abgießende, dunkel färbende Tees. In Indien, Pakistan, England und Nordamerika trinkt man sie allerdings gern. In verschiedenen osteuropäischen Staaten, wie Rußland und Polen, werden sie gleichfalls

In der Rollmaschine werden die Blattzellen aufgebrochen.

bevorzugt, da sie in der Regel sehr viel preiswerter sind als orthodox hergestellte Tees. In England serviert man CTC-Tee vorwiegend mit Milch (fetter und süßer als unsere!) und sehr süßem Rohrzucker.

Die Herstellung von Grünem Tee

Im Gegensatz zum Schwarztee wird für hochwertige Grüne Tees gemeinhin strenger selektiertes, kleineres Blattgut gepflückt. Meist stammt es von der Chinasaatpflanze. Erntet man Assamsaatbüsche oder Kreuzungen beider Arten, dürfen die Blätter nicht älter als vier bis fünf Tage sein, also noch recht klein und zart. Kurz nach der Ernte werden diese Blätter dem Prozeß des *steaming* unterzogen, das heißt für wenige Sekunden heißem Wasserdampf ausgesetzt. Wichtig ist hierbei, daß jedes Blatt rundum gleichmäßig gesteamt wird. Eine andere Methode, um die bei Grünen Tees unerwünschte Fermentierung zu verhindern, ist das Anrösten des Blattgutes in heißen Pfannen. Dieses Verfahren wird meist angewandt, wenn nur vorübergehend einige Grüne Tees hergestellt werden sollen oder der Teegarten keine Einrichtungen für ein aufwendiges Dampfverfahren besitzt.
Nach dem Steamen erfolgt das Rollen der feuchtklebrigen Blätter. Dabei geht man vorsichtig vor, da die Blattzellen nicht aufbrechen sollen. Vielmehr gilt es, die Blätter im Ganzen zu erhalten, deshalb beginnt man bald damit, das Blattgut mit leichter Wärme teilweise zu trocknen. Die Blätter werden durch die Rollbewegungen geglättet, dann wieder leicht befeuchtet und wiederum geglättet, bis nach einigen Stunden der getrocknete, fertige Grüne Tee durch Aussieben von Fannings und Dust (den beiden kleinsten Teesortierungen) getrennt wird.

MENSCH, MASCHINE UND TEE

Während in Indien, auf Ceylon oder in Afrika durchschnittlich noch 30 bis 40 Menschen in einer Teefabrik beschäftigt sind, hat man in Japan die Produktionsverfahren bereits so weit automatisiert, daß man in modernen Fabriken mit zwei bis drei Mitarbeitern auskommt. Der erste wiegt und begutachtet das einkommende Blattgut, der zweite überprüft meist von einem Computerraum aus den ordnungsgemäßen Lauf der Maschinen. Der dritte wiegt die fertigen Tees und bringt sie in den Kühlraum, wo die Ware gelagert wird, bis über ihre weitere Verwendung entschieden ist.
Auf Java habe ich vollautomatisch funktionierende Teefabriken besichtigen können. Das Blattgut durchläuft automatisch die CTC-Maschinen, gelangt in eine Fermentationsebene und wird anschließend in einem Heizraum mit wirbelnder Heißluft getrocknet, bevor eine Siebung stattfindet. Ob das die Zukunft ist, vermag ich nicht zu entscheiden. Ich weiß nur, daß diese Tees wenig haltbar sind und bevorzugt dort vertrieben werden, wo der Markt einen niedrigen Preis diktiert. Durchgesetzt hat sich die vollautomatische Produktion aber bislang noch nicht.

Teeanbaugebiete

DARJEELING

Nepal
Pakistan
Darjeeling
ASSAM
Indien
Kalkutta
Bombay
BUCHT VON BENGAL
Nilgiri
Ceylon
INDISCHER OZEAN

Im Norden Indiens, im Grenzgebiet zu Nepal, Sikkim und Bhutan, liegt das Darjeeling Valley. Bereits kurz hinter der Kreisstadt Siliguri beginnt der Aufstieg in das Himalajagebirge. Lediglich zwei wichtige Hauptstraßen winden sich in endlosen, aus dem Fels geschlagen Serpentinen durch die Ausläufer dieses mächtigen Gebirgsmassivs. Über die sich malerisch am Hang ausbreitende Stadt Kurseong führt der Weg hinauf nach Goom (2300 Meter) und von dort wieder herab in das ungefähr 300 Meter tiefer gelegene Darjeeling Town.
Vor allem der Frachtverkehr spielt sich vorrangig auf der besser ausgebauten dieser beiden Straßen ab, obwohl der Weg weiter und die Fahrzeit um eine Stunde länger ist. Ein vergnüglicher Anblick ist die alte Dampfeisenbahn, die heute nur noch Passagiere befördert. Ihre Gleise kreuzen beständig die Straße, und Autofahrer müssen sich oft beeilen, um dem Zug, der natürlich Vorfahrt hat, Platz zu machen. Besonders pittoresk wirkt dieses kleine Vehikel, wenn es auf eigens hierfür geschaffenen Schleifen Schwung holt, um auf die nächste Höhe zu gelangen.
Die andere Route führt ein wenig holprig durch Teegärten und Resten von Tropenwald, die nicht den Plantagen weichen mußten. Streckenweise ist dieser Weg so schmal, daß zwei Autos nicht aneinander vorbeikommen, und für LKW eignet er sich auch aufgrund seiner steilen Steigungen nicht. Allerdings ist er kürzer und mit einem geländetauglichen Wagen schneller bewältigt als die komfortablere Straße – gut zu wissen, wenn man das einzige Flugzeug des Tages in Bagdogra, dem Flughafen Siliguris, erreichen möchte.
Erst von Goom oder Darjeeling Town ist das riesige Gebirgsmassiv des Himalaja zu sehen. Natürlich muß auch das Wetter mitspielen, will man die bizarren, schneebedeckten Gipfel des Daches der Welt bestaunen. Sitzt man dann auf der Terrasse des „Planters Clubs" in Darjeeling, genießt eine frische Tasse Tee und schaut auf die über 8000 Meter hohen Berge, fühlt man sich wie in einem überwäl-

tigend schönen Traum... erst recht, wenn man morgens gegen fünf vom Tiger Hill aus den Sonnenaufgang erlebt. Etwas Glück gehört allerdings dazu, denn oft verhindern Wolken oder Schnee- und Regenschauer den märchenhaften Ausblick.

Ausblick auf Darjeeling Town

ERNTEPERIODEN

Fast neun Monate des Jahres wird in Darjeeling Tee geerntet. Herrschen Anfang März milde Temperaturen, treiben die Teesträucher bereits Mitte des Monats erste zarte Blätter aus. Der Zyklus der Jahreszeiten verläuft ähnlich wie in Mitteleuropa. Im Herbst, wenn es kühler wird, schränken die Teesträucher das Blattwachstum ein, und ab November gibt es auch hier eine winterliche Vegetationsruhe, mitunter sogar Schnee oder Hagel, Frost dagegen selten. Die Blätter des Teestrauches welken jedoch nicht: Er gehört zu den immergrünen Gehölzen.

TEE DER ERSTEN ERNTE (FIRST FLUSH)

Ein kalter Januar, ab Anfang Februar kontinuierlich wärmer werdende Tage, nachts gelegentlich etwas Regen und ein leichter Wind, der die Blätter am Teebusch so bewegt, daß beide Seiten gleichmäßig von der Sonne beschienen werden – das sind in dieser Region die idealen Voraussetzungen für einen hervorragenden First-Flush-Tee, einen Tee aus der ersten Pflückung. Plantagen, deren Felder bis in die Täler reichen, ernten häufig schon Anfang März die ersten Invoices (Partien). Höher gelegene Teegärten hingegen beginnen mit der ersten Pflückung selten vor Mitte März, teilweise sogar erst am 1. April. Dann hat sich in den kleinen, zarten Blättern genügend von der Substanz gebildet, die dem Tee den typischen First-Flush-Charakter verleiht.

Der sortentypische First-Flush-Darjeeling ist ein kleinblättriger, etwas „unreifer", kurzfermentierter schwarzer Tee. Ein hellgrüner Schimmer liegt über dem schwärzlichen Blattgut. Unfermentierte grüne Blatteile dürfen sich in geringer Zahl ebenso daruntermischen wie silbrige *Tips* (Blattspitzen). Die *Infusion* (aufgebrühte Teeblätter) ist bei gutem First Flush von einem hellgrünen, möglichst sogar leicht kupfer-

farbenen Hauch überzogen, mitunter auch gelblich. Diese Nuancen kehren wieder in der Tassenfarbe: grünliches Gelb oder Kupfer bis zu einem rötlichen Ton.
Der erste Geschmackseindruck bei diesen Tees ist häufig mild oder herb und leicht blumig. Typisch ist ein maiglöckchenartiger, intensiver Duft. Frisch, belebend und spritzig gibt sich der Tee in der Tasse, doch dem schwarzen Blatt entströmt ein blumiger, frischer, gelegentlich auch leicht grasiger Geruch.
In der Regel werden die Tees der ersten Pflückung mit dem Flugzeug nach Europa gebracht. Viele Teetrinker genießen nach dem langen Winter das angenehm spritzige, frische Frühlingsaroma. So mancher feinsinnige Kenner bevorzugt indes die im Mai oder Juni per Schiff eintreffenden Partien. Anders als die „Flugtees" werden sie keinem abrupten Klimawechsel ausgesetzt, reifen auf der langen Reise sogar noch ein wenig nach, besitzen kein aufdringliches, vordergründiges Aroma und halten in der Regel auch länger.
Als typische First-Flush-Tees gelten gemeinhin nur die ersten acht bis zwölf Partien, die spätestens bis Anfang April geerntet wurden. In diesem Monat setzt im Darjeeling Valley gewöhnlich Regen ein, und je mehr Feuchtigkeit die Büsche bekommen, desto weniger intensiv entwickelt sich das Flavour. Von reinen First-Flush-Tees gibt es selten mehr als 50 bis 75 Tonnen pro Jahr, und diese sollten als reine Lagentees ausgezeichnet sein. Bei angemessener Lagerung hält ein guter First Flush sein Aroma sicherlich ein bis anderthalb Jahre lang, man sollte jedoch den letztjährigen Vorrat möglichst bis zur neuen Ernte verbrauchen. Und noch ein Tip: Meist ist die zweite oder dritte Invoice eines Teegartens qualitativ erheblich besser als die erste.

FRÜHLINGSTEE (INBETWEEN)

Zwischen First Flush und Second Flush, den beiden Höhepunkten jeden Jahres, wird ebenfalls geerntet. Es regnet recht viel, die Blätter sprießen schnell. Bis spät in den April oder sogar in den Mai werden nun die Frühlingstees (*Inbetweens*) hergestellt. Es sind wenig ansprechende Tees, aber leider von so bescheidener Qualität, daß sie nur als Mischer oder billige Kampagnentees in den Handel kommen. Der Pflanzer steuert ihre Fermentation so geschickt, daß sie vom Blattgut her durchaus an First-Flush-Tees erinnern, in der Tasse jedoch weit von diesem Niveau entfernt sind. Geschmacklich sind sie bitter oder neutral, also nichtssagend. Die blumige Frische der Erstpflückung sucht man hier vergebens, und die Haltbarkeit ist recht begrenzt – aber es sind immerhin Darjeelingtees.

Sommertee (Second Flush)

Erst Mitte bis Ende Mai wird es in Darjeeling deutlich wärmer, der Regen läßt nach, und es gibt nur noch nachts einige Schauer – ideale Bedingungen für einen guten, ausgereiften Second Flush, einen Sommertee.
Second-Flush-Darjeelings sind im Gegensatz zum First Flush sehr lange haltbar, bei entsprechender Lagerung sechs bis acht Jahre. Der Sommertee ist sehr viel kräftiger im Geschmack, deutlich dunkler in der Tassenfarbe und besitzt meist goldene Blattspitzen. Die Blätter am Strauch sind häufig von zartem Flaum umgeben. Bei einem Spaziergang durch die Teefelder spürt man deutlich den sommerblumenartigen Duft, das intensive süßliche Aroma, manchmal auch ein typisches Muscatelflavour – Eigenschaften, die gerade diesen Tee auszeichnen. Während sich bei den Frühlingstees vorhersagen läßt, welche Invoices wohl am besten ausfallen, muß man bei den Sommertees jedes Lot probieren, um auch wirklich den Spitzentee einer bestimmten Lage zu finden.
Second Flushs fermentieren sehr viel länger und weisen daher auch eine intensivere Tassenfarbe auf. Die Blattbeschaffenheit ist bräunlich bis schwarz, durchsetzt von

goldenen Tips. Die Infusion darf dunkelbraun sein, allerdings nicht schwarz oder gar dunkelgrün, sondern sollte eher einen rötlichen, kupfernen Ton besitzen. Das schwarze Blattgut duftet kaum, während die Infusion einen süßlichen Duft verbreitet, der an einen Sommerblumenstrauß erinnernt. Die Tassenfarbe ist rötlich bis bräunlich. Der Tee sollte zartsüß sein, eingehüllt von einem leichten, duftenden Aroma, das moosartig-pelzig auf Zunge und Gaumen haftenbleibt. Ein wenig Zucker oder Kandis verstärkt die-

First Flush Darjeeling

sen süßlichen Charakter, und der Tee verträgt durchaus einen Tropfen Sahne oder Milch – ideal für den Nachmittag.
Legt der Pflanzer großen Wert auf feinste Second-Flush-Tees, läßt er für diese Spitzeninvoices nur ausgesuchte Pflanzen beernten. Will man ein wirklich süßes Flavour und zugleich eine angenehme Tassenfarbe erzielen, setzt dies ein ausgewogenes Verhältnis von Assam- und Chinasaatblättern voraus.

Second Flush Darjeeling

Die Blätter ausgesuchter Chinasaat-Teebüsche besitzen im Juni für relativ kurze Zeit bereits am Strauch ein unverwechselbares Flavour, das an den Duft von Muskatellerweinen erinnert. In den achtziger Jahren wurden auf der Teeplantage „Castleton“ diese Büsche gesondert beerntet und dann als Muscatel-Tees zu Spitzenpreisen auf den Markt gebracht – pro Saison gab es kaum mehr als drei- bis vierhundert Kilogramm dieser Köstlichkeiten. Inzwischen hat das Management auf Castleton gewechselt, und seither werden diese traumhaften Tees mit beliebigen anderen Blättern vermischt und sind so in die Standardproduktion integriert. Andere Plantagen versuchten ebenfalls Muscatel-Tees herzustellen, ohne auch nur annähernd das Niveau des Vorbildes zu erreichen.
Für ausgesuchte, feinste Second-Flush-Tees zahlt man stets Höchstpreise. So kostete 1996 zum Beispiel ein Kilogramm Darjeeling 500 DM, erworben von einer bekannten deutschen Tee-Einzelhandelskette direkt auf der Plantage Tukvar Puttabong.

Teeanbau in Darjeeling (Selim Hill)

Regentee (Third Flush)

Gegen Ende Juni setzt in Darjeeling der Monsunregen ein und erreicht im August und Anfang September seinen Höhepunkt. Es wird weiterhin geerntet, die Qualität läßt jedoch nach, was bei den wöchentlichen Ausfallmustern deutlich zu schmecken ist. Der Niederschlag beträgt bis zu 80 Zentimeter pro Quadratmeter im Monat, und die Temperaturen liegen selten unter 30° C – ideale Bedingungen für einen reichlichen Ertrag, aber je schneller die Blätter nachwachsen, desto mehr büßen sie an Qualität ein. Produkte dieser Ernten findet man im Handel als preiswerte Aktionstees oder in aromatisierten Sorten. Im Vergleich zu den Qualitätsernten ist das Blatt hier nach der Herstellung deutlich dunkler, aufgeschwemmt, grünlichbraun in der Tassenfarbe und häufig auch bitter im Geschmack. Diese Tees sind zudem nur begrenzt haltbar.

Tee-Ernte in Darjeeling

HERBSTTEE (AUTUMNAL)

Erst im Spätherbst gibt es noch einmal einige Tage, an denen besondere Tees hergestellt werden können. Der Regen hat nachgelassen, die Temperaturen sind deutlich zurückgegangen, die Blätter wachsen nur zögerlich. Diese Herbsttees (*Autumnal*) sind in der Tat bunt wie Herbstlaub, hellbraun bis schwarz, eventuell mit grünen Blättern und Stalks durchsetzt. Frisch getrunken besitzen sie ein herbes, würziges Flavour. Es verflüchtigt sich jedoch schnell, häufig schon nach wenigen Wochen.

Teeproduktion in Darjeeling

FIRST FLUSH

Erste Pflückung nach der winterlichen Vegetationsruhe;
Ertrag pro Garten maximal 6 bis 10 Invoices (2 000 bis 5 000 kg)

Erntezeit:	März bis Anfang April (circa 3 Wochen)
Blatt:	zart, dunkel, grüner Einwurf (Holz)
Tassenfarbe:	hellgrün, gelblich
Charakter:	mild-herb, frisch, belebend, Maiglöckchenduft

„Beaujolais Primeur" der Teewelt. Lagerzeit nicht länger als ein Jahr. Zur neuen Saison sollte der Tee der vorigen Ernte verbraucht sein.

INBETWEEN

Die der First Flush folgende Ernte zu Beginn der Regenzeit

Erntezeit:	April/Anfang Mai
Blatt:	dunkelgrün bis dunkelbraun, grob
Charakter:	gut trinkbar, jedoch ohne markante Noten

Alltagstee, gut zum Mischen. Kaum haltbar, sollte schnell konsumiert werden. Preiswert, Kampagnentees. Aktionsangebote-Großpackungen.

Die Infusion gerät bei den Herbsttees heller als bei Second Flushs und Post-Second-Flush-Tees, die Tassenfarbe ist rostbraun. Kommen sie ganz frisch auf den Markt, erinnern sie in mancher Hinsicht an First Flushs.

SECOND FLUSH

SOMMERPFLÜCKUNG

Erntezeit:	Mitte Mai/Ende Juni bis Anfang Juli
Blatt:	braun, einige Tips (Goldspitzen)
Tassenfarbe:	goldbraun
Charakter:	kräftig, aber nicht herb, weich, blumig, süßlich, ausgereift, gut fermentiert

„Champagner" der Teewelt. Lagentees, Jahrgangtees, Plantagentees, angenehmer blumiger Nachmittagstee. Sehr fein und äusserst lange haltbar (bei richtiger Lagerung bis zu 5 oder 6 Jahren).

REGENTEES

Erntezeit:	Juli bis September/Oktober
Blatt:	braun bis schwarz, grob, aufgeschwemmt; Anfang Juli häufig gute Optik, Tippy-Tees mit dunklem Blatt
Tassenfarbe:	dunkel
Charakter:	leicht bitter oder herb, wenig Blume Qualität gering. Tees zum Mischen und für den Alltag. Preiswert, wird in Kampagnen und Aktionen angeboten. Schlecht haltbar.

HERBSTTEES

Erntezeit:	Bei guter Witterung Ende Oktober/Anfang November
Blatt:	grob, unregelmäßig, bunt, mit sehr viel Einwurf (Holz), typisches Herbstblatt
Tassenfarbe:	rötlich
Charakter:	herbstlich deftig, aufgesetztes, würziges Aroma

EINKAUFSTIPS

Gute Darjeelingtees sollten Sie möglichst im Teespezialgeschäft oder bei einem kompetenten Teeversender kaufen. Erkundigen Sie sich nach dem Darjeeling-Sortiment, fragen Sie nach Lagentees und versuchen Sie etwas über die diesjährige Erntequalität in Erfahrung zu bringen. Lassen Sie sich den Unterschied zwischen First Flush und Second Flush kurz erklären, auch wenn er Ihnen bekannt ist. Nur so können Sie herausfinden, ob es sich um einen versierten Fachmann handelt.

Beachten Sie, daß nur frische Tees schmecken! Fragen Sie

Darjeeling-Sorten

FIRST FLUSH
belebend, spritzig, frisch, leicht
helle, muntere Tasse
12 bis18 Monate lagerfähig,
möglichst bis zur neuen Saison verbrauchen

FLUGTEE (FIRST FLUSH)
meist zu früh geerntet
unreif, daher häufig recht herb
aufgrund des schnellen Klimawechsels nicht lange haltbar

INBETWEEN
milde, neutrale Alltagstees

SECOND FLUSH
vollmundig, weich, blumig, mild
goldbraune Tasse
bei richtiger Lagerung fast unbegrenzt haltbar

REGENTEES
leichter, neutraler, weicher Geschmack
helle Tasse, trüb
schlecht haltbar

AUTUMNAL
buntes Blatt, würziger, aromatischer Charakter (sofern frisch getrunken)
rotbraune Tasse
nicht lange haltbar

also gezielt danach. Lediglich ausgesuchte Lagen- oder Jahrgangstees bewahren über Jahre hinweg ihr Aroma. Per Flugzeug transportierter First Flush (Flugtee) ist gewöhnlich Anfang April im Handel, und sein zartes Flavour kann er bereits um Weihnachten herum verlieren!
Auf dem Seeweg beförderte Frühlingstees, die in der Regel ab Juli angeboten werden, halten wesentlich länger. Die neue Ernte der Sommertees (Second Flush) ist ab September oder Oktober erhältlich, und die Herbsttees sind nie vor Februar des folgenden Jahres in den Läden.
Achten Sie unbedingt auf die Blattbeschaffenheit des Darjeelingtees. Ein zu hoher Anteil von *Broken* (zerkleinerte Blätter) läßt den Tee schnell bitter werden, und er sollte weder Staub noch kleinblättrige Beimischung enthalten. Die Blätter sollten schlank und gleichmäßig, nicht aufgeschwemmt und voluminös sein. Second-Flush-Tees haben meist goldene Spitzen, beim First Flush sind sie, sofern überhaupt vorhanden, silbrig. Ein First-Flush-Tee darf zudem einige grüne, unfermentierte Blatteile enthalten.
Bei Darjeelingtees bestimmt die Qualität den Preis, gute Lagentees sind kaum unter 15 DM für 100 Gramm zu haben. Das macht allerdings nur 25 Pfennig pro Tasse, und die preiswerten Kampagnen-Darjeelings belasten zwar die Geldbörse kaum, besitzen aber auch nicht mehr Niveau als etwa ein preiswerter Landwein.

Tips für die Zubereitung

Nehmen Sie einen guten Tee, auch wenn er Ihnen auf den ersten Blick etwas teuer erscheint. Doch er ist ergiebig: 100 Gramm schwarzen Tees ergeben leicht 60 Tassen, Broken-Tees sogar bis zu 80 Tassen! Als Faustregel gilt: Ein Aufpreis von 3 DM pro 100 Gramm verteuert jede Tasse nur um fünf Pfennig.
Bei einem Blattee reicht ein leicht gehäufter Teelöffel, für sechs Tassen benötigen Sie sogar nur vier Löffel.

Zubereitung

Verwenden Sie ausschließlich frisches Wasser aus der Leitung. Wasser niemals wieder aufkochen lassen! Bei ungünstigen Wasserverhältnissen empfehle ich zumindest für Lagen- oder Plantagentees kohlensäurefreies Mineralwasser (z.B. „Vittel“).

Lassen Sie den Tee höchstens drei Minuten ziehen, ist er meist sehr aromatisch und vielleicht etwas belebend. Danach lösen sich die Gerbstoffe aus den Blättern: Sie können eine beruhigende Wirkung ausüben, machen den Tee aber herb bis bitter.

Übrigens: Greifen Sie gelegentlich zu einer anderen Darjeeling-Sorte – das bringt Abwechslung in Ihren täglichen Teegenuß und erweitert Ihren Erfahrungsschatz.

TEE SELBER MISCHEN

Probieren Sie einmal folgende Mischungen:

- Interessant ist diese russische Mischung: zu einem Second-Flush-Darjeeling 2 bis 3 Blätter Rauchtee und 6 bis 8 Blätter China-Keemun hinzugeben (berechnet auf eine Tasse).

- Einige Blätter Rosentee zum Second Flush – ausgesprochen apart!

- Den intensiven Geschmack von Earl Grey können Sie erheblich weicher, milder und zarter gestalten, wenn Sie mindestens zur Hälfte Darjeeling dazugeben.

- Wollen Sie einen kräftigen Darjeeling, so nehmen Sie bei 6 Tassen 3 Teelöffel Darjeeling und einen Teelöffel Assam: Die Tassenfarbe wird dunkler, der Geschmack weitaus kräftiger.

- Ein herber Ceylon Orange Pekoe, zu gleichen Teilen gemischt mit einem First-Flush-Darjeeling – die Tassenfarbe ist rötlicher und weniger bläßlich, der Darjeeling-Duft nicht mehr so intensiv und der Geschmack würziger.

- Oder mischen Sie feinen Formosa Oolong mit Second-Flush-Darjeeling: Der Aufguß ist weniger kräftig, der Darjeeling-Geschmack ausgeprägter, voller und etwas brotig.

DARJEELING-QUALITÄTEN

Es gibt in Darjeeling Teegärten, die recht konstant hervorragende Tees herstellen. Sie werden gewöhnlich als Lagen- oder Plantagentees im Handel angeboten. Zu diesen Plantagen zählen Gielle, Goomtee, Jungpana, Lingia, Namring, Selimbong, Teesta Valley und Thurbo – bei guten Jahrgängen sicherlich auch Risheehat, Singell, Soom, Tukvar Putta-

Zubereitung und Serviertips

First Flush	Ein gestrichener Teelöffel pro Tasse, Ziehzeit maximal 3 Minuten. Keine Sahne oder Milch, evtl. etwas Zucker oder Kandis.
Inbetween	Ein leicht gehäufter Teelöffel pro Tasse, Ziehzeit 3 bis 4 Minuten. Sahne und Zucker nach Belieben.
Second Flush	Ein leicht gehäufter Teelöffel pro Tasse, Ziehzeit maximal 31/2 Minuten. Ein Tropfen Sahne, etwas Zucker oder Kandis.
Regentee	Ein gehäufter Teelöffel pro Tasse, Ziehzeit maximal 5 Minuten. Sahne und Zucker.
Autumnal	Ein gut gehäufter Teelöffel pro Tasse, Ziehzeit maximal 5 Minuten. Sahne und Zucker nach Belieben.

Zum First-Flush-Darjeeling will Sahne nicht so recht passen. Second Flush hingegen wird angenehm mild mit einem Tropfen Sahne oder Milch, und ein Stück Zucker oder Kandis läßt seine typische Süße noch intensiver hervortreten.

bong und Tumsong. Castleton, Spitzengarten der achtziger Jahre, kann man derzeit dieser Gruppe leider nicht mehr zurechnen.

Aufwärtstendenz hinsichtlich der Qualität zeigen die Tees von Chamong und Pussimbing, mit Abstrichen auch Ambootia. Alle drei werden biologisch-organisch angebaut. Gute First-Flush-Tees gibt es eigentlich immer von Badamtam, Longview, Namring, Phuguri, Rungmookh und Selim Hill. Diese Gärten sind entweder dem Darjeeling Valley vorgelagert (wie Longview) und haben daher die notwendige Wärme bereits früh im Jahr, oder sie reichen bis zum Fuß der Berge und können in den unteren Regionen ebenso zeitig gute Qualitäten hervorbringen.

DARJEELING IM AUFGUSSBEUTEL

Weltweit werden jährlich angeblich 30 000 bis 40 000 Tonnen Darjeelingtees verkauft – man produziert dort jedoch nur maximal 10 000 Tonnen pro Jahr. Wie kommt diese eigenartige Rechnung zustande? Nun, durch die Aufgußbeutel, und zwar aus folgendem Grund: Hier wird eine winzige Menge Tee von viel Papier umhüllt.

Faden, Etikett, Zellophan, Karton und Filterpapier wirken gemeinsam auf die Füllung, den zarten, blumigen Darjeeling ein, und diese zahlreichen Fremdstoffe greifen sofort Aroma und Duft an. Zudem muß sich die ohnehin leichte Farbe des Tees auch noch gegen das Papier durchsetzen. Daher wird der Darjeeling mit einem kräftigeren Tee gemischt, so erhält das fertige Getränk ausreichend Geschmacks- und Duftstoffe sowie eine gute Tassenfarbe.

Man produziert gerne Mischungen mit Nuwara-Eliya-Tees aus Ceylon, die einen herbfrischen, zitrusartigen Charakter besitzen und sich dann leicht, fruchtig, blumig in der Tasse zeigen und dem Getränk eine rötliche Farbe verleihen. Oder es werden Second-Flush-Assams untergemischt, die für eine kräftigere, dunklere Tassenfarbe sorgen.

SINGELL

Singell, einer der ältesten Teegärten der Region und ursprünglich Steinthal genannt, wurde erstmals um 1845 erwähnt. Mönche kultivierten hier in Zusammenarbeit mit deutschen Siedlern eine Pflanzung mit Thea sinensis. Dieser Garten liegt unweit der Kreisstadt Kurseong. Noch heute ist der Bestand an chinesischen Büschen sehr hoch, daher gewinnt der Tee auch bei schlechteren Jahrgängen ein recht ansprechendes Flavour. Er eignet sich für nahezu jedes Wasser und ist mild, weich, zart und blumig.

Gesamtgröße	550 ha
Teeanbau	*283 ha*
Höhenlage	800 bis 1800 m
im Durchschnitt	1300 m
Jahresproduktion	58 000 kg
Blatt-Tee	*53 %*
Broken-Tee	*23 %*
Beutel-Tee	*24 %*
Belegschaft	660
Pflückung	100 % von Hand

Kontrolliert biologischer Anbau seit Mitte der achtziger Jahre. Der Teegarten gehört zu den zehn besten der Region.

SELIM HILL

Ein kleiner und, wie ich meine, feiner Teegarten. Der ganz große Erfolg blieb dieser Plantage bislang versagt, obwohl man hier konstant recht ansprechende Tees herstellt, vor allem beim First Flush. In der für hiesige Verhältnisse geringen Höhenlage setzt das Wachstum der Pflanzen bereits früh im Jahr ein. Während man weiter höher in Singell noch sehnsüchtig auf die ersten frischen Blätter wartet, kann auf Selim Hill bereits regelmäßig Tee geerntet werden. Der Tee ist fruchtig, frisch, belebend und für jedes Wasser geeignet.

Gesamtgröße	350 ha
Teeanbau	*177 ha*
Höhenlage	850 bis 1 050 m
im Durchschnitt	950 m
Jahresproduktion	71 000 kg
Blatt-Tee	*38 %*
Broken-Tee	*33 %*
Beutel-Tee	*29 %*
Belegschaft (Saison)	529
Pflückung	100 % von Hand
Pflanzen	40 % Chinasaat
	60 % Assamsaat

Der verhältnismäßig hohe Anteil von Assamsaat ist nur aufgrund der niedrigen Lage möglich. Während der Second-Flush-Saison gibt es daher oft kräftig abgießende Tees. Der Garten wird seit 1993 biologisch-organisch geführt.

GOOMTEE

Diese etwas abseits gelegene Plantage, ein Nachbargarten von Jungpana, produziert ausgesprochen feine, wenn nicht sogar die feinsten Tees der gesamten Himalajaregion. Der hohe Anteil an Chinasaatpflanzen läßt hier bereits früh zarte, feine und blumige First-Flush-Tees heranwachsen. Aber auch beim Second Flush gehören viele Invoices zu den besten des Gebietes, wenn man auch hin und wieder ein wenig Fülle in der Tasse vermißt. Der Tee ist blumig, mild, weich und harmonisch. Er entfaltet sich am besten in weichem Wasser.

Gesamtgröße	235 ha
Teeanbau	*124 ha*
Höhenlage	um 1250 m
Jahresproduktion	100 000 kg
Blatt-Tee	*60 %*
Broken-Tee	*30 %*
Beutel-Tee	*10 %*
Belegschaft	keine Angaben
Pflückung	100 % von Hand
Pflanzen	70 % Chinasaat
	20 % Assamsaat
	10 % Clonals

Ein Teegarten unter den ersten Zehn. Besonders zu empfehlen ist der Tee bei weichem Wasser.

CASTLETON

Nahe Kurseong liegt der wohl bekannteste Teegarten Darjeelings, hervorgegangen aus der Plantage Spring Valley. Nach wiederholtem Wechsel der Geschäftsleitung in den letzten Jahren legt man hier derzeit mehr Wert auf Quantität und mischt das eigene Blattgut mit der Ernte von Nurbong, die aufgrund der erheblich niedrigeren Lage von minderer Güte ist. Erstmals um 1980 hatte man auf Castleton ausgesuchte Büsche beerntet, die nur einmal im Jahr, im Juni, ein besonders intensives, blumig- süßes Aroma entfalten. Hieraus entstand der berühmte Muscatel-Tee, von dem es pro Saison nur 200 bis 300 Kilogramm gab. Um den Ertrag auf das Zehnfache steigern zu können, nahm man erhebliche Abstriche bei der Qualität in Kauf. Heute liefert Castleton meist durchschnittlichen Tee, oft als Second Flush blumig-würzig.

	Castleton	Nurbong
Gesamtgröße	255 ha	497 ha
Teeanbau	*173 ha*	*299 ha*
Höhenlage	*** keine Angabe	
im Durchschnitt	*** keine Angabe	
Jahresproduktion	160 000 kg (zusammen)	
Blatt-Tee	*62 %*	
Broken-Tee	*25 %*	
Beutel-Tee	*13 %*	
Belegschaft	*** keine Angabe	
Pflückung	*** keine Angabe	
Pflanzen	*** keine Angabe	

MAKAIBARI

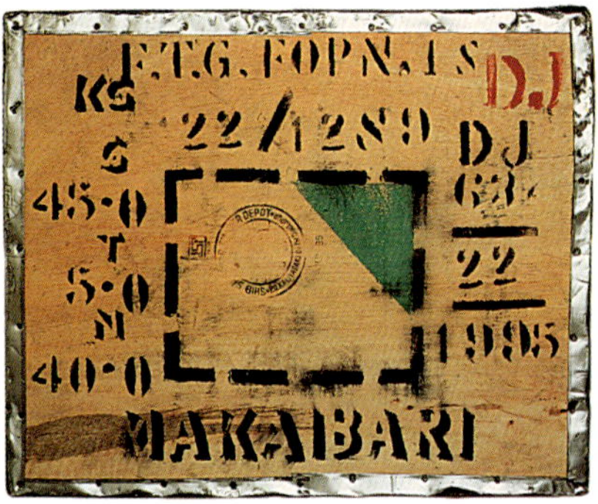

Der älteste Teegarten Darjeelings, ebenfalls bei Kurseong gelegen, produziert recht gute bis feinste Alltagstees. Die Plantage betreibt seit Beginn der neunziger Jahre biologischen Teeanbau und besitzt das Demeter-Zertifikat. Hier kommen noch heute auf ein Hektar Teefeld zwei Hektar Tropenwald. Man findet nicht nur seltene Pflanzen, darunter zauberhafte Orchideen, sondern überhaupt noch viel intakte Natur. Makaibari ist einer der wenigen Teegärten der Welt, der vom Besitzer persönlich geführt wird. Der Tee ist kräftig, fruchtig und teilweise herb.

Gesamtgröße	570 ha
Teeanbau	*273 ha*
Höhenlage	600 bis 1300 m
im Durchschnitt	1100 m
Jahresproduktion	129 000 kg
Blatt-Tee	*75 %*
Broken-Tee	*8 %*
Beutel-Tee	*17 %*
Belegschaft	617
Pflückung	100 % von Hand
Pflanzen	70 % Chinasaat
	10 % Assamsaat
	20 % Clonals

BADAMTAM

Badamtam, eine der größten Plantagen der Region, wurde 1858 gegründet. Sie liegt traumhaft schön im Darjeeling Valley, mit Blick nach Sikkim und den Bergketten des Himalaja. Vor allem während der First-Flush-Saison produziert man hier allerfeinste und besonders für unser Wasser geeignete Teequalitäten. Man kann sie meist unbesehen kaufen, und sie halten auch recht lange.

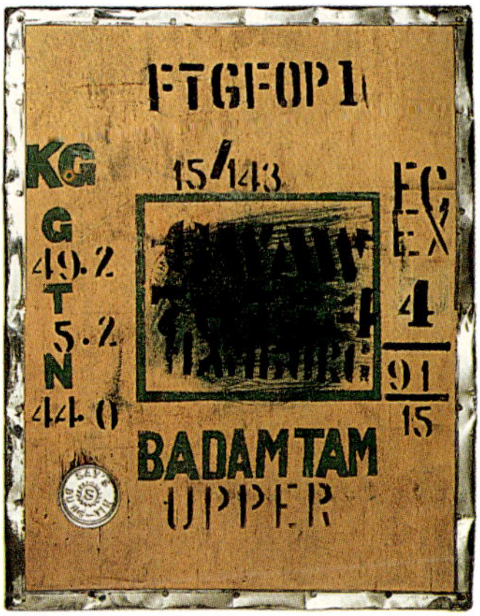

Gesamtgröße	880 ha
Teeanbau	*321 ha*
Höhenlage	260 bis 1770
	(daher oft früher First Flush)
im Durchschnitt	1000 m
Jahresproduktion	253 680 kg
Blatt-Tee	*145 000 kg*
Broken-Tee	*38 000 kg*
Beutel-Tee	*66 000 kg*
Belegschaft	1290
Pflückung	100 % von Hand
Pflanzen	25 % Chinasaat
	65 % Assamsaat
	10 % Clonals

Laut Auskunft des Besitzers wird seit einigen Jahren auf den Einsatz chemischen Düngers verzichtet.

GIELLE

Etwas zurückgezogen liegt malerisch oberhalb des Teesta-Flusses, nahe Sikkim, dieser berühmte Teegarten, der heute noch den Namen seines Gründers trägt. Er stammt aus dem Jahr 1847. Gielle stellt Tees mehr für die Nase als für die kräftige Tasse her, also hocharomatische Qualitäten, die in beinahe jedem Wasser ihren Charakter zeigen.

Gesamtgröße	487 ha
Teeanbau	*250 ha*
Höhenlage	1000 bis 1560 m
im Durchschnitt	1240 m
Jahresproduktion	152 000 kg
Blatt-Tee	*80 500 kg*
Broken-Tee	*18 200 kg*
Beutel-Tee	*53 300 kg*
Belegschaft	709
Pflückung	100 % von Hand
Pflanzen	70 % Chinasaat
	15 % Assamsaat
	15 % China-Clonal

SELIMBONG

Spricht man über hochklassige Darjeelingtees, darf der Name Selimbong keinesfalls fehlen. Die Eigentümer haben es in der Vergangenheit immer geschafft, zumindest während der Second-Flush-Saison herausragende Qualitäten zu produzieren, die einen Rang unter den besten Zehn eroberten. 1994 wechselte der Besitzer, und heute ist – erstmals in Darjeeling – die Firma „nur natur“ an diesem Garten beteiligt. Seitdem wird der Tee hier nach biologischen Richtlinien angebaut. Er ist meist blumig, mild würzig und leicht nussig, auch bei schlechten Jahrgängen.

Gesamtgröße	300 ha
Teeanbau	*148 ha*
Höhenlage	1100 bis 1850 m
im Durchschnitt	1600 m
Jahresproduktion	77 000 kg
Blatt-Tee	*55 %*
Broken-Tee	*15 %*
Beutel-Tee	*30 %*
Belegschaft	493
Pflückung	100 % von Hand
Pflanzen	85 % Chinasaat
	13 % Assamsaat
	2 % Clonals

AMBOOTIA

Dieser große Teegarten bei Kurseong sollte in den siebziger Jahren seine Produktion einstellen. Es fand sich dann aber ein neuer Besitzer, der sich teilweise erfolgreich bemühte, gute Ware herzustellen. Ein gewaltiger Erdrutsch brachte die Plantage Ende der Achtziger erneut in große wirtschaftliche Schwierigkeiten. Heute produziert Ambootia die Saison hindurch gleichbleibend gute Tees ohne besondere Höhen und Tiefen. Sie sind leicht, blumig, zart und mild. Da der Eigentümer bei Anbau und Produktion gerne experimentiert, sollte man kritisch sein und neue Ernten erst einmal probieren.

Gesamtgröße	1000 ha
Teeanbau	*350 ha*
Höhenlage	600 bis 1500 m
im Durchschnitt	1050 m
Jahresproduktion	171 000 kg
Blatt-Tee	*73 000 kg*
Broken-Tee	*51 000 kg*
Beutel-Tee	*43 000 kg*
Belegschaft	902
Pflückung	100 % von Hand
Pflanzen	65 % Chinasaat
	25 % Assamsaat
	10 % Clonals

Seit 1994 wird der Tee hier biologisch angebaut, 1997 erhielt der Garten das Demeter-Zertifikat.

BANNOCKBURN

Der über 150 Jahre alte Teegarten wurde von einem britischen Unternehmen gegründet und nach einem schottischen Dörfchen benannt. Er liegt nahe Darjeeling Town und produziert stets gute bis sehr gute Qualitäten. Die Regentees der Monate August bis Oktober zeichnen sich durch besondere Feinheit aus. Während der Second-Flush-Saison entstehen jedoch auch wunderbar weiche, mildsüße Sommertees.

Gesamtgröße	284 ha
Teeanbau	*147 ha*
Höhenlage	750 bis 1700 m
im Durchschnitt	1300 m
Jahresproduktion	70 000 kg
Blatt-Tee	*55 %*
Broken-Tee	*10 %*
Beutel-Tee	*35 %*
Belegschaft	485
Pflückung	100 % von Hand
Pflanzen	80 % Chinasaat
	10 % Assamsaat
	10 % Clonals

GLENBURN

1856 begannen schottische Missionare im malerischen Lopchu-Pashok Valley oberhalb des Rungneet-Flusses, diesen Teegarten zu kultivieren. Man gab ihm den schottischen Namen Glenburn (Flußtal). Aufgrund seiner Höhenlage wachsen die Teebüsche langsam und können hierdurch häufig mehr Substanz aufbauen. Die Tees kommen aus diesem Grunde meist recht spät auf den Markt. In den vergangenen Jahren produzierte dieser Teegarten mehr Quantität als Qualität.

Gesamtgröße	759 ha
Teeanbau	*282 ha*
Höhenlage	250 bis 1200 m
im Durchschnitt	700 m
Jahresproduktion	176 000 kg
Blatt-Tee	*55 %*
Broken-Tee	*20 %*
Beutel-Tee	*25 %*
Belegschaft	948
Pflückung	100 % von Hand
Pflanzen	57 % Chinasaat
	40 % Assamsaat
	3 % Clonals

Laut Auskunft des Eigentümers werden nur geringe Mengen von Chemikalien zum Schutz der Teebüsche eingesetzt. Organischer Teeanbau wurde nur vorübergehend experimentell betrieben.

JUNGPANA

Der ein wenig abseits des Darjeeling Valley gelegene Teegarten produziert beständig feinste Qualität, und dies seit mehr als zwei Jahrzehnten. Man beginnt recht spät mit der First-Flush-Produktion, die in der Regel ohnehin nur durchschnittlich ausfällt. Erst bei der Sommerernte wird deutlich, was dieser Garten leisten kann. Die Zahl der Assamsaatpflanzen ist zwar relativ hoch, bei der Ernte wird der Anteil dieser Blätter jedoch begrenzt und so eine gute Tassenfarbe garantiert. Das ausgereifte, feine, zarte, blumige und süßliche Aroma hingegen kommt meist von ausgesuchten Chinasaatbüschen. Mehrere Jahre lang konnte Jungpana nicht nur die besten Sommertees der Saison aufweisen, sondern erzielte auch auf der Auktion in Kalkutta die höchsten Preise. Der Tee ist blumig, mild, süß und äußerst haltbar.

Gesamtgröße	177 ha
Teeanbau	*135 ha*
Höhenlage	850 bis 1450 m
im Durchschnitt	1100 m
Jahresproduktion	55 000 kg
Blatt-Tee	*70 %*
Broken-Tee	*25 %*
Beutel-Tee	*5 %*
Belegschaft	232
Pflückung	100 % von Hand
Pflanzen	65 % Chinasaat
	35 % Assamsaat

Einer der wenigen Teegärten, die den Begriff Lagentee verdient haben. Beim Einkauf möglichst auf Invoice-Nummer und Jahrgang achten!

MARGARET'S HOPE

Die Anfahrt mit dem Auto nach Margaret's Hope ist recht abenteuerlich. Man verläßt die Hauptstraße, die sich dicht am Gebirgsmassiv entlang nach Darjeeling schlängelt, an einem Punkt, an dem man kaum freistehend in die Tiefe blicken mag, und gelangt über einen unwegsamen Pfad zum Ziel. Zu dem 1870 gegründeten Garten gehört heute auch die Plantage Dilaram. Der Tee zeichnet sich besonders durch seine Milde aus sowie durch ansprechende und zuverlässige Qualität auch in schlechten Jahren. Der Zusammenschluß mit Dilaram wirkt sich qualitativ allerdings nachteilig aus, da die Fahrstrecke für die frisch gepflückten Blätter zu lang ist und die Fermentation schon einsetzt, bevor sie in die Produktion gelangen.

Gesamtgröße	778 ha
Teeanbau	*361 ha*
Höhenlage	850 bis 1650 m
im Durchschnitt	1230 m
Jahresproduktion	140 000 kg
Blatt-Tee	*57 %*
Broken-Tee	*19 %*
Beutel-Tee	*24 %*
Belegschaft	915
Pflückung	100 % von Hand
Pflanzen	60 % Chinasaat
	38 % Assamsaat
	2 % Clonals

Angeblich wird hier völlig auf Pestizide und Herbizide verzichtet.

Nagri Farm

Der Name Nagri (neues Fort) weist darauf hin, daß dieser Garten in einem Gebiet liegt, in dem einst die Gurkha-Armee Stützpunkte besaß (Ende des 18. Jahrhunderts). Heute ist Nagri Farm ein malerisches Fleckchen Erde, auf dem außer Tee auch Orangenbäume, seltene Orchideenarten und große Bambuswälder gedeihen. Es gehörte jahrelang zu den in Deutschland bekanntesten Teegärten. Der Tee erhält seine kräftig dunkle Tassenfarbe und seinen herben Charakter durch einen relativ hohen Anteil an Assamsaatpflanzen. Beide Eigenschaften machten den Tee in unseren Breiten, wo oft nur hartes oder mit chemischen Mitteln aufbereitetes Wasser zur Verfügung steht, besonders beliebt.

Gesamtgröße	572 ha
Teeanbau	*286 ha*
Höhenlage	880 bis 1450 m
im Durchschnitt	1250 m
Jahresproduktion	280 000 kg
Blatt-Tee	*46 %*
Broken-Tee	*25 %*
Beutel-Tee	*29 %*
Belegschaft	910
Pflückung	100 % von Hand
Pflanzen	65 % Chinasaat
	34 % Assamsaat
	1 % Clonals

Nach Auskunft der Inhaber verwendet man in diesem Garten keine Pestizide oder Herbizide, jedoch Kunstdünger.

OKAYTI

Okayti liegt fernab der Stadt Darjeeling, nahe den bekannten Plantagen Thurbo und Chamong zwischen 1330 und 2000 Metern Höhe. Daher gibt es aus diesem Garten gewöhnlich sehr dünn abgießende, allerdings hocharomatische Tees.

Gesamtgröße	647 ha
Teeanbau	*209 ha*
Höhenlage	1330 bis 2000 m
im Durchschnitt	1500 m
Jahresproduktion	110 440 kg
Blatt-Tee	*55 000 kg*
Broken-Tee	*15 000 kg*
Beutel-Tee	*40 440 kg*
Belegschaft	668
Pflückung	100 % von Hand
Pflanzen	70 % Chinasaat
	20 % Assamsaat
	10 % Clonals

Pussimbing

Dieser Garten erstreckt sich nahe der Stadt Ghoom, die aus luftiger Höhe das Darjeeling Valley überschaut. In der Vergangenheit häufig unter Wert gehandelt, wird der Tee dieses Gartens nun auf direktem Weg vermarktet. Obendrein hat die Umstellung auf rein biologischen Anbau zu einer deutlichen Qualitätssteigerung geführt.

Gesamtgröße	389 ha
Teeanbau	*201 ha*
Höhenlage	1000 bis 1560 m
im Durchschnitt	1240 m
Jahresproduktion	152 000 kg
Blatt-Tee	*91 000 kg*
Broken-Tee	*23 000 kg*
Beutel-Tee	*38 000 kg*
Belegschaft	512
Pflückung	100 % von Hand
Pflanzen	60 % Chinasaat
	20 % Assamsaat
	20 % Clonals

TUKVAR (PUTTABONG)

Einer der ausgedehntesten Teegärten der Region grenzt im Norden an Sikkim und liegt nahe der Stadt Darjeeling. Er produziert feine bis feinste Tees, sowohl First Flush als auch Second Flush. Es ist beachtlich, daß die Plantage so hochwertige Ware produziert, daß 1992 auf der Auktion in Kalkutta von dem deutschen Franchise-Unternehmen „Der Teeladen" der damalige Rekordpreis von etwa 500 DM per Kilogramm für die Invoice DJ 101 bezahlt wurde.

Gesamtgröße	892 ha
Teeanbau	*437 ha*
Höhenlage	700 bis 2000 m
im Durchschnitt	1300 m
Jahresproduktion	275 000 kg
Blatt-Tee	*154 000 kg*
Broken-Tee	*33 000 kg*
Beutel-Tee	*88 000 kg*
Belegschaft	902
Pflückung	100 % von Hand
Pflanzen	60 % Chinasaat
	40 % Assamsaat

SIKKIM

Sikkim ist das nördlichste Anbaugebiet Indiens. Es grenzt im Westen an Nepal, im Osten an Bhutan und im Norden an Tibet, also an China. Es gibt hier nur eine Plantage, den Teegarten Temi, wo feinste Qualitäten hergestellt werden. Sie können sich durchaus mit Darjeelings messen, bei entsprechend sorgfältiger Herstellung zeichnen sie sich sogar durch einen noch feineren, eleganteren Geschmack und Duft aus.

Die Saison beginnt in Sikkim etwa vier Wochen später als in Darjeeling, ist aber den dortigen Ernteperioden durchaus vergleichbar. Aufgrund dilettantischer Vermarktungsstrategien sank die Qualität in der ersten Hälfte der neunziger Jahre rapide und ist erst seit kurzem wieder etwas besser geworden.

Reine, gute First Flushs und gelegentlich auch Second Flushs dieses Gebietes können eine Delikatesse sein!

ASSAM

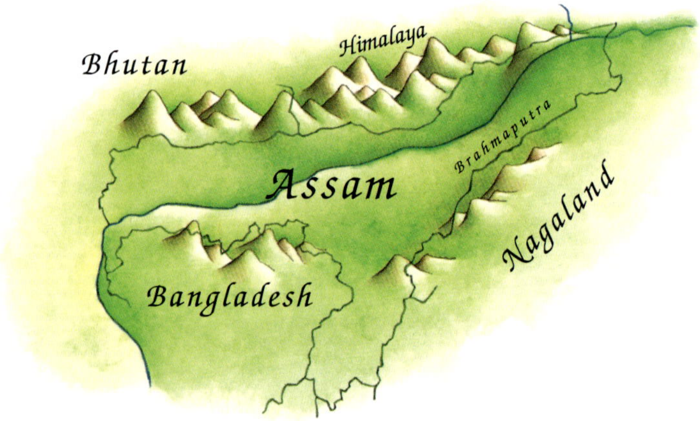

Im Nordosten Indiens, beiderseits des gewaltigen Brahmaputra-Flusses, liegt das größte zusammenhängende Teeanbaugebiet der Welt. Es erstreckt sich nordöstlich der Provinzhauptstadt Gauhati bis zum Himalaja und grenzt im Süden an die Ausläufer des Meghalayagebirges. Andere bedeutende Städte dieser Region sind Tezpur und Jorhat.
In der Nähe von Jorhat befindet sich das berühmte Toklay Tea Research Institute, das vor allem Versuchspflanzungen für ganz Indien durchführt.
Die Teegärten liegen verstreut im gesamten Gebiet und wechseln ab mit Reisfeldern und anderen Gemüsepflanzungen. Assam ist bekannt für seine noch intakten Dschungelgebiete, darunter der Kaziranga Nationalpark mit seinem beachtlichen Bestand an Nashörnern und Tigern. Im Dschungel leben auch noch viele wilde Elefanten, die sogar regelmäßig in den angrenzenden Teeplantagen zu beobachten sind. Zwar zählen Teeblätter nicht unbedingt zu ihren Leibspeisen, doch richten diese Dickhäuter hier teilweise erhebliche Schäden an.
Die Landschaft wird geprägt vom Strom des Brahmaputra, der jedes Jahr längere Zeit über die Ufer tritt und weite Gebiete überschwemmt, vor allem während der Monsunzeit von Juli bis September.
Aufgrund der extremen Feuchtigkeit und der tropischen Hitze wachsen die Assamsaatpflanzen sehr gut und liefern reichlich Blattgut und somit große Erträge.
Während des Monsuns ist die Transportlage schwierig, da Brücken und Straßen oft von tosenden Wassermassen fortgerissen werden.

Two leaves and a bud… – zwei Blätter und eine Blattknospe

Tee aus Assam

Der rein biologische Anbau gestaltet sich in Assam äußerst schwierig. Es wird relativ viel Kunstdünger eingesetzt, und Insektizide oder Pestizide werden regelmäßig über die Pflanzen gesprüht. Durch den beständigen Gebrauch dieser Mittel steigerte sich der Ernteertrag während der letzten zwei Jahrzehnte um 1200 bis 1500 Prozent. Die ungebändigten Wassermassen des Brahmaputra, die diese Substanzen häufig von einem Gebiet in das andere, von einer Plantage auf die nächste schwemmen, machen die für biologischen Teeanbau notwendigen Voraussetzungen meist zunichte.

Die Teequalität

Die Assamtees haben in den letzten 15 Jahren erheblich an Qualität eingebüßt. Durch ihr extrem schnelles Wachstum ist es der Pflanze kaum noch möglich, in den Blättern genügend wertvolle Stoffe anzusammeln. Außerdem erzielt man auf dem einheimischen Markt – dem größten Abnehmer für Assamtees – für maschinell hergestellte CTC-Tees im Vergleich zur orthodoxen Produktion hervorragende Preise. Somit muß häufig die Qualität der Quantität weichen.

Versand und Vermarktung

Zudem ist es durch den im gesamten Frachtverkehr üblichen Containertransport für die Plantagenkonzerne erheblich preisgünstiger, den Umfang der Teepartien so zu gestalten, daß eine Invoice einer Containerladung entspricht. Ausgesuchte Tees, die unter Umständen nur Partien unter 1000 Kilogramm ergäben, werden daher kaum noch produziert. In vielen Teegärten gibt es nur noch Partiegrößen von 5000 Kilogramm (100 Kisten/Säcke) oder aber 10 000 Kilogramm

(200 Kisten oder Säcke, die einen Container füllen). In dieser Größenordnung stehen hervorragende Qualitäten wohl kaum zur Verfügung.
Die Container werden bereits in Assam, mitunter schon sogar in den Teegärten, beladen und erst beim Empfänger wieder geöffnet – in der Tat ein kostensparender Versand.
In der Provinzhauptstadt Gauhati findet die wichtigste Teeauktion Indiens statt. Die Mehrzahl aller in Assam hergestellten CTC-Tees wird hier wöchentlich versteigert. Lediglich kleinere Mengen aus orthodoxer Produktion und verschiedene CTC-Tees werden auch in Kalkutta wöchentlich angeboten. Der überwiegende Teil der Second-Flush-Assams wird privat verkauft und gelangt nicht zur Auktion.

Pflückerinnen in Assam

Ernteperioden

Tee der ersten Ernte (First Flush)

Früher wurde in Assam, ebenso wie im Darjeeling Valley, im November die Ernte eingestellt, bis zum Wiederbeginn der eigentlichen Wachstumsperiode im April. Inzwischen hat sich das Klima geändert, so daß nahezu ganzjährig geerntet werden kann, wenn auch während der Wintermonate mit weitaus geringerem Ertrag.

Setzt im Frühling der erste Wachstumsschub ein, kann es in Assam auch aromatische First Flushs geben. Das Blatt der CTC-Tees ist zu dieser Zeit angenehm dunkel bis schwarz im Korn, allerdings recht dünn abgießend und relativ nichtssagend.

Die orthodoxen Tees einiger ausgesuchter Teeplantagen weisen nun statt des malzig-würzigen Charakters einen

Teegarten im Flachland von Assam

fruchtig-frischen Geschmack auf. Diese Tees sind im Aufguß etwas dunkler als ein First Flush aus Darjeeling, besitzen ein schwarzes, grobes und unregelmäßiges Blatt und kaum Spitzen. Sie sind groß und voluminös, cremen nicht und halten ihr Flavour selten länger als sechs Monate.
Für Ostfriesland, wo man Assamtees traditionell gern trinkt, sind diese Qualitäten viel zu ausdruckslos und hell in der Tasse.
Freunden der First-Flush-Darjeelings bieten diese Tees eine interessante Alternative. Sie weisen zwar weniger Flavour auf, dafür aber mehr Substanz als leichte Himalajatees und eignen sich hervorragend zum Mischen mit allen Darjeelings.

Im Teelager

Tee der zweiten Ernte (Second Flush)

Jedes Jahr wiederholt sich der große Wettlauf der Importeure und Großhändler um die feinsten Second-Flush-Assams. Es wird probiert, valutiert, geboten, verglichen, gemischt und beurteilt.

Die Saison beginnt Mitte Mai. Jetzt muß bei entsprechend guter Witterung Lot für Lot, Invoice für Invoice getestet werden. Gutes Wetter bedeutet: Anfang Mai Regen, damit das Wachstum sich beschleunigt, Mitte des Monats nur noch gelegentliche Schauer, möglichst nachts, und tagsüber bedeckter Himmel mit ein paar Sonnenstrahlen. Zuviel Sonne würde das frische Blattgut negativ beeinflussen.

Die frisch geernteten zarten Blätter werden umgehend zur Fabrik transportiert, gewelkt und möglichst nachts zu schwarzem Tee verarbeitet. Dann ist es deutlich kühler, und die Fermentation setzt langsamer ein. Das Blattgut darf nicht zu warm werden, da sonst die ätherischen Öle zu schnell entweichen, die zum Beispiel für den typischen *creamy* (cremenden) Ostfriesentee wichtig sind.

Ein guter Manager läßt das Blatt fünf bis zehn Minuten in der Rollmaschine, dann erkalten, erneut rollen und so fort. Das ist eine mühselige Prozedur, mit der man jedoch hervorragende Qualitäten und gewöhnlich auch Spitzenpreise erzielt.

Die anschließende Fermentation muß beständig kontrolliert werden und darf nicht länger als zwei Stunden dauern, sollen die Tees später eine gute Tassenfarbe haben.

Beim Rollen muß man auf die *Tips* achten – ein guter Assam ist schwarz im Blatt, durchsetzt mit goldenen Spitzen, und weist eine mittelgroße Blattkörnung auf. Schon beim Aufbrühen muß sein malziger Charakter zum Vorschein kommen. Im weichen, moorigen Regenwasser Ostfrieslands soll er eine rotbraune Farbe in die Tasse bringen, schnell cremen, herb und trocken im Geschmack sein, ein wenig beißend und würzig – so präsentiert sich der ideale Tee. Ein Zeichen für gute Qualität ist das Cremen allemal. Beim Erkalten des aufgebrühten Tees muß sich die Tassenfarbe trüben und den Anschein erwecken, als hätte man Sahne oder Milch hineingegeben. Dies ist ein ganz natürlicher Vorgang, ausgelöst durch die relativ hohe Menge an ätherischen

Assamtee im Aufguß

Ölen, die dem Assamtee eigen ist, vornehmlich beim Second Flush. Optisch läßt sich dies an der öligen Schicht erkennen, die sich nach dem Aufbrühen häufig auf der Flüssigkeit bildet. Blatt-Tees sind gewöhnlich vollmundig, würzig, malzig und weich und nur selten herb. In Ostfriesland trinkt man gerne Broken-Tees, da sie mehr Fülle, Kraft und Farbe in der Tasse entwickeln.

Tip für Ostfriesland-Urlauber

In Ostfriesland werden die Teequalitäten von einheimischen Geschäften auf das typische ostfriesische Wasser, häufig sogar Regenwasser, abgestimmt. Dieses weiche, moorige Wasser gibt es sonst nirgendwo in Deutschland. Es ist nicht empfehlenswert, diese speziellen Assam- und Ostfriesentees mitzunehmen, weil sie zu Hause nie so gelingen wie im Urlaubsort. Wer auf diesen „Urlaubstees" besteht, sollte sie jedenfalls nur mit filtriertem Wasser aufbrühen.

CTC-TEE

CTC-Tees werden maschinell produziert – der Hergang ist auf Seite 20 beschrieben. Die orthodoxe Methode warf vor allem während der Regenzeit Probleme auf, da man die Blätter selten richtig trocknen konnte, wodurch sie erheblich an Qualität verloren. Mit dem CTC-Verfahren lassen sie sich schneller verarbeiten und intensiver trocknen. Sie werden zudem bevorzugt für Aufgußbeutel verwendet, da sie eine schnelle Färbung des Wassers, eine dunkle Tassenfarbe und ein kräftig schmeckendes Getränk ergeben.
Ein weiterer Vorteil, nicht nur bei Teebeuteln: Bei CTC-Tees benötigt man nur 0,3 bis 0,5 Gramm für eine Tasse – ideal für Länder mit hohem Verbrauch, wie Bangladesh, Pakistan, Indien, England oder Nordamerika. Der Nachteil: Es gibt kaum CTC-Tees mit Flavour, mit einem guten Duft. Ein würzig-malziges Aroma oder gar einen blumigen Duft kann man von dieser Art Tee nicht erwarten. Hierzulande findet er gewöhnlich nur in Mischungen Verwendung, bei denen besonderer Wert auf eine dunkle Tasse gelegt wird, oder eben in Aufgußbeuteln.
In England wird größtenteils CTC-Tee konsumiert, der allerdings vorwiegend aus Afrika stammt. Die Engländer trinken zudem ihren Tee gerne mit Milch und Rohrzucker. Diese Milch ist fetter und süßer als unsere und Rohrzucker obendrein süßer als Rübenzucker. Daher ergibt sich ein völlig anderes Getränk, als wir es gewohnt sind.

EINKAUFSTIPS

Bevorzugen Sie etwas leichtere Tees, sind die Blatt-Tees mit ihrer malzigen, weichen Tasse zu empfehlen. Wünschen Sie einen herben, würzigen Charakter, greifen Sie zu einem Broken. Mögen Sie einfach einen kräftigen Tee, sind Sie mit ostfriesischen Mischungen bestens bedient. Sie können bedenkenlos Ware der ostfriesischen Großpacker kaufen, denn diese Teemischungen sind so zusammengestellt, daß der Tee in jedem Wasser schmeckt.

Legen Sie Wert auf Lagen- oder Plantagentees, also ausgesuchte, individuelle Qualitäten, sollten Sie sie im Spezialgeschäft oder beim renommierten Versandhandel kaufen. Verlangen Sie aber ausdrücklich Lagen- oder Plantagentees. Achten Sie auf die goldenen Blattspitzen, die gute Assamtees häufig auszeichnen. Sie tragen zwar selten zum Geschmack bei, sind aber ein Indiz dafür, daß auf der Plantage äußerst umsichtig und fachkundig gearbeitet wurde. Setzt ein Pflanzer Pflückmaschinen ein und läßt den Tee nicht sorgsam welken oder fermentieren, gibt es keine *Tips.*

Assamtees sind sehr lange haltbar und verlieren bei angemessener Lagerung kaum an Aroma.

TIPS FÜR DIE ZUBEREITUNG

Die Teekanne sollte kurz mit heißem Wasser ausgespült werden. Bei Broken-Tees reicht ein gestrichener, bei Blatt-Tees ein leicht gehäufter Teelöffel pro Tasse. Assam ist sehr ergiebig, man benötigt für 6 Tassen nur 4 Teelöffel.

ZUBEREITUNG

Übergießen Sie die Blätter mit sprudelnd kochendem Wasser und lassen Sie den Tee nicht länger als 3 bis 3 1/2 Minuten ziehen. Sonst entfalten sich die Gerbstoffe, die ihn bitter machen. Sie können die Blätter zum Ziehen offen in der Kanne schwimmen lassen und den Tee anschließend in eine zweite Kanne umfüllen.
Praktisch ist ein Teenetz aus Baumwolle, in dem die Blätter gut aufquellen, und das nach der Ziehzeit aus dem fertigen Getränk gehoben wird. Prinzipiell sind auch Papierfilter geeignet, allerdings beeinträchtigen sie meiner Meinung nach den Geschmack.

ASSAMTEE WARMHALTEN

Die Kanne mit dem fertigen Tee können Sie auf ein Stövchen stellen. Lassen Sie ihn aber nicht durch die Hitze des Teelichtes ein zweites Mal aufkochen, er verliert dadurch völlig Geschmack und Aroma.
Assam sollte man nicht in eine Thermoskanne füllen: Er enthält viele ätherische Öle, die nach dem Aufbrühen den Tee verändern. Anfangs schwimmen sie sichtbar auf der Oberfläche und bewirken unter anderem, daß der Tee richtig cremt. Danach beginnt jedoch die Tassenfarbe trüb, undurchsichtig, ja mitunter sogar unansehnlich zu wer-

den, und die Öle setzen sich an der Innenwand der Thermoskanne ab.

TEE SELBER MISCHEN

Ist der Assamtee zu herb oder zu kräftig, können Sie ihn mit indonesischem oder ceylonesischem Tee mischen, um den Geschmack etwas zu mildern. Geben Sie in eine Kanne für 6 Tassen 3 Teelöffel Assam und 1 Teelöffel Ceylon. Auch ein Darjeeling eignet sich zum Mischen.

Serviertips

Hervorragend paßt zu einem Assamtee ein Tropfen Sahne oder Milch, da sie den manchmal etwas strengen Geschmack mildern. Nach meinem Empfinden ist auch Zucker oder Kandis obligatorisch: ihre zusätzliche Süße läßt den malzigen Charakter des Assam noch besser zur Geltung kommen. Kandis ergibt zwar eine etwas dezentere Süße, mich stört allerdings, daß er sich nicht rasch genug auflöst. Oft ist die erste Tasse nicht süß genug, die zweite hingegen im Übermaß – mit Zucker läßt sich das besser dosieren.

TEEZEREMONIE IN OSTFRIESLAND

Ostfriesland und sein Tee bilden ein ganz besonderes Gespann. Mindestens ein Drittel des in Deutschland konsumierten Tees wird in diesem Landesteil, zwischen Oldenburg und Leer, Papenburg und Norden getrunken. Unentbehrlich ist dabei die ostfriesische Teezeremonie: Malzig, würzige, schwere, vollmundige und trockene Assams bilden die Grundlage. Der Tee wird mit sprudelnd kochendem Wasser aufgebrüht, und die Blätter ziehen ungefähr vier Minuten.

Als erstes legt man nun ein großes Stück Kandiszucker in die Tasse und übergießt es mit dem frisch zubereiteten Tee. Der Kandis bricht und knistert dabei richtig. Die Tasse darf nicht ganz gefüllt werden, denn jetzt wird mit einem kleinen, schöpfkellenartigen Speziallöffel Sahne unmittelbar am Tassenrand behutsam in den Tee gegossen, wo sie sich wie ein kleines Wölkchen verteilt. Dann trinkt man den Tee, der keinesfalls umgerührt werden darf, und erlebt zuerst einen herben Geschmack, der aber fast mit jedem Schluck milder und süßer wird – durch die Sahne, und natürlich durch den Kandiszucker.

Es ist in in Ostfriesland „Gesetz“, mindestens drei Tassen Tee hintereinander zu trinken – wobei die hiesigen Tassen in der Regel wesentlich kleiner sind als anderswo. Als Zeichen, daß kein Tee mehr gewünscht wird, stellt man den Löffel in die Tasse.

Assamtee in Mischungen

Assamtees eignen sich hervorragend zum Mischen, da sie die Tasse dunkel färben. Man kombiniert sie daher gerne mit Darjeelings, wenn deren Tassenfarbe zu dünn ist, oder mit Ceylon- oder Javatees, denen man etwas mehr „body“ wünscht, die also kräftiger werden sollen. Allerdings darf der Anteil an Assam nicht zu hoch sein, da der intensive Geschmack das zarte Aroma der anderen Sorten sofort verdrängen würde.

Ostfriesische Mischung

Ein guter Ostfriesentee beinhaltet natürlich als Hauptbestandteil Assam, der mit 20 Prozent Java gemischt wird. Der Assam bringt Substanz in die Tasse, der relativ geschmacksneutrale Indonesier reduziert diese markante Note – und auch den Preis.

Englische Mischung

Sie sollte traditionell mindestens zu einem Drittel aus Assam bestehen, der Rest aus ceylonesischem Dimbula-Hochlandtee. Auch hier gilt: Kraft und Farbe aus Assam, Duft, Frische und Spritzigkeit aus Ceylon – eine ideale Komposition. Beide Teesorten besitzen so viel individuellen Charakter, daß sie sich harmonisch ergänzen. Mit Sahne oder Milch und Zucker (möglichst Rohrzucker) ergeben sie ein köstlich erfrischendes und belebendes Getränk.

HATIMARA TEA ESTATE

Nicht nur die Blatt-Tees dieses Gartens sind weltberühmt, sondern auch die im Sommer während der Second-Flush-Saison hergestellten Brokengrade. Allerdings wendet man für die Blatt-Tees besondere Sorgfalt auf. In der Tasse zeigt sich dieser Tee bei jedem Wasser hervorragend, er ist nicht ausschließlich für Ostfriesland produziert.

Teeanbau	266 ha
Jahresproduktion	660 000 kg
Produktionsmethode	orthodox und CTC

Borengajuli Estate

Bestimmt einer der qualitativ feinsten, zuverlässigsten und typischsten Teegärten Assams. Zur Magor-Gruppe gehörend kann dieser Teegarten im Sommer absolute Spitzentees mit einem in Ostfriesland bevorzugten Flavour herstellen.

Teeanbau	590 ha
Jahresproduktion	1 325 000 kg
(orthodox	*77 300 kg)*
(CTC	*1 250 000 kg)*
Produktionsmethode	orthodox und CTC

SOCKIETING TEA ESTATE

Als klein aber fein kann man diesen Teegarten bezeichnen. Ein Privatunternehmen versucht jedes Jahr wieder während der Second-Flush-Saison gute bis hervorragende Tees herzustellen. Um für die verhältnismäßig geringen Quantitäten auch ein breites Publikum zu erreichen, packt man die Tees in relativ kleine Invoices. Sie sind nicht bitter, malzig und würzig, gut geeignet auch für schwieriges Wasser.

Teeanbau	210 ha
Jahresproduktion	300 000 kg
Produktionsmethode	orthodox und CTC

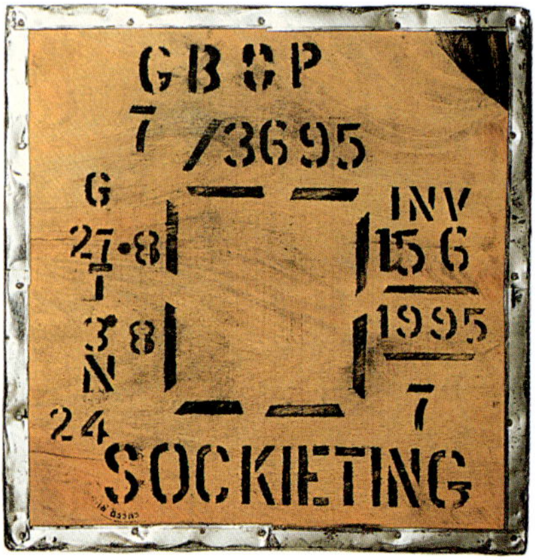

KONDOLI TEA ESTATE

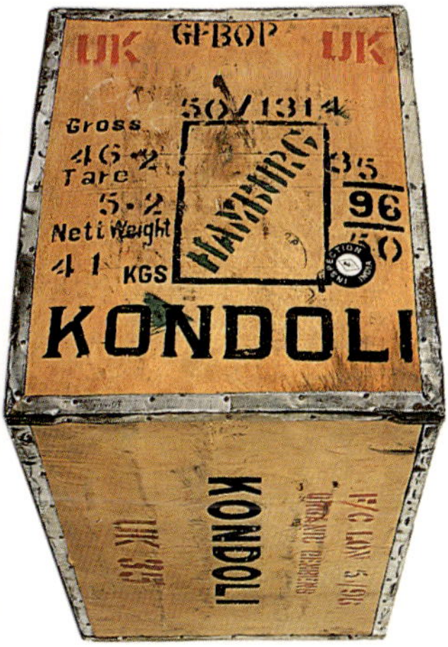

Im Süden Assams gelegen, in direkter Nähe zur Grenze Bangladeshs, stellt dieser bekannte Teegarten gute bis feine Tees her. Während der Second-Flush-Saison kann Kondoli Spitzentees produzieren. Durch seine gute Lage, fernab anderer Assamgärten, wird diese Pflanzung nicht von den Überschwemmungen des Brahmaputra tangiert.

In einer Sektion des Gartens wurde bereits vor vier Jahren biologisch kontrollierter Tee angebaut. Um eine klare Trennung von den konventionellen Tees zu erreichen, gab man diesem Teil den Namen Rembeng und baute auch eine eigenständige Fabrik für diese Tees.

Interessant ist ein Vergleich beider Produkte – Muster für Muster zeigt der biologisch langsam wachsende Rembeng sehr viel bessere Qualität als der mit Kunstdünger etc. bearbeitete Kondoli.

Teeanbau	640 ha
Jahresproduktion	1 000 000 kg
Produktionsmethode	orthodox und CTC
Belegschaft	1280

Teile des Gartens werden biologisch bewirtschaftet.

HUNWAL TEA ESTATE

Ein traditionell erstklassiger Tee, der selten zur Spitzengruppe zählt, dafür aber Jahr für Jahr konstant gute bis sehr gute Qualitäten produziert. Der Garten gehört zu dem bedeutendsten Plantagenkonzern Assams, der Magor-Gruppe. Fast alle ihrer Gärten produzieren hervorragende Tees, die sich obendrein sehr gut für das ostfriesische Wasser eignen (andere Gärten sind Bhooteachang, Keyhung, Mijicajan, Gohpur, Borengajuli).

Teeanbau	797 ha
Jahresproduktion	1 487 000 kg
Produktionsmethode	orthodox und CTC
Belegschaft	1972

Assamsaatpflanze (große Blätter)

SÜDINDIEN

Indien
Madras
Bangalore
Coonoor
Nilgiri
Cochin
Trivandrum
INDISCHER OZEAN
Ceylon

Originaltees aus Südindien sind hierzulande nur selten erhältlich. Für den indischen Markt und auch den weltweiten Teehandel ist dieses Gebiet gleichwohl von großer Bedeutung. Immerhin kommt fast die Hälfte der in Indien produzierten Tees aus diesem Landesteil. Travancore, Anamallay, Mudis, Nilgiri und Singampatti sind die Hauptanbaugebiete. Es werden vorwiegend CTC-Tees hergestellt, doch in den *Blue Mountains*, den Nilgiri-Bergen, gibt es auch orthodoxe Teeproduktion.
Alle Plantagen liegen südwestlich des betriebsamen Bangalore, und das Handelszentrum ist die Gewürzstadt Cochin, in deren natürlichem Tiefseehafen die modernen Containerschiffe und alle anderen Ozeandampfer direkt hineinfahren können. An der Hafeneinfahrt liegt das weltberühmte Hotel „Malabar“: Es ist ein Erlebnis, während eines reichhaltigen indischen Dinners die Ozeanriesen fast am Fenster vorbeifahren zu sehen. Es lohnt sich auch, im Hafen das Verpacken und Verladen der verschiedenen Gewürze zu beobachten

Teeanbau im Bergland um Singampatti

(Pfeffer, Kardamom, Zimt, Nelken, Curry), dazwischen immer wieder Tee und auch Kaffee, der in dieser Gegend recht viel angebaut wird.

Aber auch das 2000 Meter hoch gelegene Coonoor oder Coimbatore sind bedeutende Umschlagplätze für den Teehandel. Wie in Cochin finden dort wöchentlich Auktionen statt. Die Hauptmenge des Tees wird über Cochin verschifft, der Rest über den kleinen Hafen Tuticorin.

Qualitativ gleichen die südindischen Tees den ceylonesischen, deren Anbaugebiet ungefähr auf demselben Breitengrad liegt.

Blattrippen und -stengel (Stalks) werden von Hand...

TEE AUS DEN NILGIRI-BERGEN

Im Nilgiri-Gebirge befinden sich die höchstgelegenen Teegärten der Welt – hier, im Teegarten Chamraj, wächst er noch 2750 Meter über dem Meeresspiegel.
Diese Tees sind herb, trocken, zitrusartig, fruchtig und rotgelb abgießend. Das Blatt ist vorwiegend rötlich, ohne Tips, die Infusion bräunlich bis kupferfarben. Sie bilden eine gute Grundlage für die typische „Englische Mischung", hervorragend zum Mischen mit anderen Tees. Es ist ein typischer *Early Morning Tea*, den traditionsbewußte Engländer möglichst noch vor dem Aufstehen trinken.
Die beste Zeit der Nilgiris sind die Monate Januar bis April. Danach setzt der Regen ein, und erst im Juli und August gibt es wieder eine kurze Qualitätsperiode.

...mit größter Sorgfalt aussortiert.

Der gesiebte und sortierte Tee wird gesammelt.

Tees dieser Region sollten frisch konsumiert werden, das Flavour hält sich nicht lange. Bekannte Plantagen der Nilgiris sind Tiger Hill, Dunsandle, Parkside, Nonsuch oder Chamraj.

BIOLOGISCH-ORGANISCHER ANBAU

Man erwägt, zumindest einige hochgelegene Teeplantagen dieses Gebietes auf biologisch-organischen Anbau umzustellen – die einheimische Wirtschaft ist recht experimentierfreudig. Seit mehreren Jahren werden auf einigen Plantagen Tees nach dem Darjeeling-Prinzip hergestellt: Handpflükkung in kurzen Intervallen, ausgesuchte Blätter bestimmter Büsche, kurze Fermentation und Trocknung unter Darjeeling-Bedingungen. Das Ergebnis sind tatsächlich Tees, die sich von den typischen aus dem Himalaja kaum unterscheiden, weder in der Blattstruktur noch im Geschmack. Man findet sie häufig in preiswerteren Darjeeling-Mischungen.

ANDERE SÜDINDISCHE TEES

In Travancore könnte es recht fruchtige Tees geben, wären noch einige Gärten bereit, sich wenigstens während der Qualitätssaison auf orthodoxe Produktion umzustellen. Diese Tees unterscheiden sich von den Nilgiris durch eine dunklere Tassenfarbe, sind aber leider kaum noch von Bedeutung. Anamally und die Mudis sind bekannt für kräftig abgießende und Tippy-Tees. Während der Monate Juni und Juli tragen die Blätter hier einen zarten Flaum, der sich nur zu dieser Zeit bildet und dem schwarzen Tee ein wunderschönes Aussehen verleihen kann. Qualitativ stehen diese Tees aber nicht auf besonders hoher Stufe. Die Plantagen liegen nur

bei etwa 1000 Metern. Hier wird der Teeanbau seit Jahren industriell betrieben.
In Singampatti, knapp 50 Kilometer entfernt vom südlichsten Punkt des Subkontinents, dem Cape Comorin, werden Tees auch biologisch angebaut. Die Plantagen Oothu und Manimuttar liegen einsam mitten im Dschungel. Die Bewirtschaftung auf biologischer Basis ist vorbildlich und findet bereits seit Mitte der achtziger Jahre statt. Obwohl heftiger Regen den Tee dort schnell wachsen läßt, ist ein leichter Qualitätsanstieg während der Monate Januar bis April zu verzeichnen. Auf diesen Plantagen werden auch hochwertige grüne Tees hergestellt.

Teeproduktion in Südindien

Anbaugebiete:	Nilgiri Anamallay Mudis Travancore Singampatti (biologische Tees)
Produktionsweise:	vorwiegend CTC-Tees, nur in den Nilgiris orthodoxe Herstellung
Geschmack:	fruchtig, zitrusartig, herb, Typ englische Mischung
Qualitätsperioden:	Januar bis März, Juli und August
Höhenlagen:	400 bis 2700 m
Auktionszentren:	Cochin, Coimbatore, Coonoor
Verladehäfen:	Cochin und Tuticorin

B.B.T.C. TEA ESTATE OOTHU

Unweit der Südspitze des Subkontinents liegt dieser Teegarten in einem Dschungelgebiet. Bereits seit rund 90 Jahren wird hier neben Tee auch Kaffee und Pfeffer angebaut. Die isolierte Lage läßt den Teegarten von dem direkt angrenzenden Dschungel profitieren. Qualitativ stellt Oothu gute Mediumtees her, die übers Jahr gesehen geringe Schwankungen aufweisen.
Eine Besonderheit stellt der grüne, nach japanischer Methode hergestellte Tee dar. Wunderbar das feinfruchtige Ananasaroma dieser Besonderheit.

Der Teegarten stellt ca. 10 000 kg grünen Tee und 800 000 kg schwarzen Tee her. Über Größe und Beschäftigte ist wenig bekannt.
Der grüne Tee ist unter dem Namen „Riverpearls“ im Handel.

CEYLON (SRI LANKA)

Die Tropeninsel im Golf von Bengalen ist heute ein selbständiger Staat: Sri Lanka, mit Colombo als Hauptstadt, Handelszentrum und wichtigstem Hafen. Es gibt aber noch weitere größere Städte, wie Galle, Hatton, Jaffna, Kandy und Ratnapura.
Das an der Nordspitze der Insel gelegene Jaffna ist das bedeutendste Zentrum der tamilischen Bevölkerungsgruppe. Trincomalee an der Ostküste besitzt einen der schönsten und größten Naturhäfen der Welt, ist heute jedoch fast ausschließlich von militärischer Bedeutung. Im Landesinnern liegt Kandy, ehemals Residenz der singhalesischen Könige und eine der heiligsten Stätten des Buddhismus. Galle an der Südwestspitze war einst eine Metropole des portugiesischen Überseehandels. Ebenfalls an der Westküste findet man bekannte Badeorte, wie Bentota, Hikkaduwa oder Negombo.

URLAUBSFREUDEN

Ceylon ist umgeben von Korallenriffen, die ein Bad im klaren Wasser des Indischen Ozeans bei 30 bis 32° C Wassertemperatur zu einem aufregenden Erlebnis machen. Viele Sehenswürdigkeiten der Insel sind weltberühmt, zum Beispiel der freskengeschmückte Felsen von Sigiriya, die liegende Buddhastatue, der „Tempel zum goldenen Zahn“ in Kandy, die alte Tempelanlage in Polonnaruwa, die Dagoba von Anaradnapura oder die Fußabdrücke Buddhas am Adam's Peak, dem höchsten (und heiligen) Berg des Landes.
Der Ruhuna National Park, im Dschungel bei Yala gelegen, zieht viele Touristen an, die in diesem noch urwüchsigen Gebiet Safaris unternehmen.
Außerdem findet man in der Umgebung von Ratnapura verschiedenste Arten von Edelsteinen, und im Zentrum Ceylons, bei Kandy, gedeihen nahezu alle bekannten Gewürze.

DER TEEANBAU

Die Teeproduktion Sri Lankas spielt eine bedeutende Rolle auf dem internationalen Markt. Der Begriff Ceylontee hat sich erhalten, obwohl die Insel schon recht lange ihren neuen Namen trägt.
Auf der Insel, auf der sehr viel Kaffee angebaut wurde, begann der Teeanbau, nachdem der Kaffeerost, eine Krankheit, die alle Kaffeebäume eingehen läßt, nicht mehr aufzuhalten war. Man fand heraus, daß die Teepflanzen immun gegen diese Krankheit sind und sich bestens in diesem tropischen Gebiet entwickeln.
Tee wird in Sri Lanka südlich von Kandy bis fast nach Galle angebaut. Das Hochland beherbergt verschiedene Anbaugebiete. Aber auch in dem davorliegenden Flachland sowie in den leicht ansteigenden Gebieten zum Hochland hin wächst sehr viel Tee.
Geerntet wird auf Ceylon das gesamte Jahr hindurch. Das Klima läßt die Pflanzen bei jeder Witterung gedeihen. Es gibt nur wenige reine Chinasaatpflanzen, die vorwiegend im Hochland angebaut werden. Überwiegend kommen Assamsaatpflanzen oder Kreuzungen beider Arten zum Einsatz.
Die Teeindustrie Sri Lankas war jahrelang verstaatlicht, daher ist die technische Entwicklung auf vielen Teegärten weit hinter dem Standard vergleichbarer Fabriken in Afrika

Tees aus Ceylon und Südindien

herb, fruchtig
Early Morning Teas (hoher Koffeingehalt)
kurze Ziehzeit, mit Zitrone oder Sahne servieren

oder Indien zurückgeblieben. Obwohl die Reprivatisierung seit einigen Jahren vorangetrieben wird, bieten ceylonesische Tees noch nicht die Qualität, die eigentlich möglich wäre.
Verkauft werden nahezu alle Produkte auf der Teebörse in Colombo. Privater Handel ist nur mit Zustimmung eines Brokers möglich, und auch nur mit deutlichem Aufschlag auf die Auktionspreise.
Ceylontee hat sich als ideale Füllung für Aufgußbeutel erwiesen. Sein herber, zitrusartiger Charakter und seine leichte Schärfe können sich hervorragend gegen das Papier durchsetzen.
Die Mehrzahl der Teegärten arbeitet mit orthodoxen Methoden. Seit einigen Jahren produzieren einige Plantagen CTC-Tees, die allerdings nicht sehr lange haltbar und qualitativ schlecht sind.

Pflückerinnen auf der Plantage Uva Highlands

TEE AUS DIMBULA

Das ausgedehnteste und wichtigste Teeganbaugebiet Sri Lankas erreicht man in etwa dreistündiger Autofahrt von Colombo durch den Distrikt Dickoya. Entlang tropischer Wälder und Gummiplantagen gelangt man in das langgestreckte, tiefeingeschnittene und an beiden Seiten moosar-

Dimbulatee im Aufguß

tig mit Teebüschen bepflanzte Dimbula Valley. Gesäumt von traumhaft schönen Wasserfällen, zieht sich dieses Anbaugebiet bis zur Grenze von Nuwara Eliya hin.
Die Teegärten liegen in Höhen von etwa 1200 bis 2000 Metern. Produziert wird das gesamte Jahr hindurch. Die Qualitätsperiode beginnt während der zweiten Dezemberhälfte, hat ihren Höhepunkt im Februar/März und läuft gegen Mitte April aus. Während dieser Zeit herrscht hier extreme Trockenheit. Es regnet kaum, und ein leichter Wind wendet beständig die Blätter, so daß die intensive Sonne auch Unterseite bescheinen kann. Es ist recht kühl während dieser Zeit, erst zum April hin wird es deutlich wärmer.
Tees aus Dimbula zeichnen sich durch sehr lange Haltbarkeit aus, sind durchgereift, von kupferfarbener Infusion, ergeben eine helle, rötliche Tasse und bestechen durch das typische herbe, erfrischend-fruchtige Zitrusflavour. Ein trokkener Dimbulatee ist ein wenig streng am Gaumen, zeigt

Ceylon-Sorten

Dimbula
rötliche, helle Tasse, Zitrusflavour, streng am Gaumen, fast unbegrenzt haltbar

Nuwara Eliya (Nurelia)
gelbgrüne, mitunter rötliche Tasse, fruchtig, Zitrusflavour, herb, fast unbegrenzt haltbar

Uva/Uda Pusselawa
dunkle, braunrote Tasse, vollmundig, würzig, kronsbeerenartig, rassig-fruchtig, sollte innerhalb eines Jahres konsumiert werden, verliert danach spürbar an Aroma
RATNAPURA dunkelbraune Tasse
MATARA malzig, würzig, weich
MATALE LOW GROWN fast unbegrenzt haltbar
GALLE, KANDY typische Samowartees

sich in fast jedem Wasser gut und ist ein typischer Wachmacher, ein Early Morning Tea.
Aufgrund einer besonderen Herstellungsmethode, die sich von der indischen unterscheidet, gibt es vorwiegend Dust; BOPF (für Aufgußbeutel, s.S. 139), kleinblättrige Broken- und kaum Blatt-Tees. Man verwendet eine sogenannte Rotorvane-Maschine, die das Blattgut egalisiert und so zubereitet, daß es keine Blatt-Tees oder anderen groben Sortierungen mehr gibt. Hauptabnehmer dieser Tees sind Rußland, die USA, England und Pakistan.

Höhenlagen der Anbaugebiete Ceylons

Dimbula	1200 bis 2000 m
Dickoya	800 bis 1800 m
Nuwara Eliya	2000 bis 2400 m
Uva (Badulla)	500 bis 1600 m
Uda Pusselawa	1250 bis 1800 m
Ratnapura	30 bis 300 m
Matara	30 bis 400 m
Matale	400 bis 1200 m
Galle	30 bis 300 m
Kadugannawa (Kandy)	270 bis 1200 m

TEE AUS NUWARA ELIYA

Zwischen dem langgestreckten Dimbula Valley und dem Uva-Distrikt (Uda Pusselawa) liegt das Hochplateau Nuwara Eliya, auch Nurelia genannt, mit der gleichnamigen Stadt. Hier gibt es nur sieben Teeplantagen, auf denen überwiegend Chinasaatbüsche stehen. Die Gärten sind die höchstgelegenen der Insel.

Früher war Nurelia der Sommersitz des englischen Gouverneurs in Ceylon. Während der Hitzeperiode zog man sich aus Colombo in diese wunderschöne Gegend zurück. Die ehemalige Sommerresidenz ist heute das wohl bekannteste und attraktivste Hotel dieser Region, das „Grand Hotel". Ein unvergeßliches Erlebnis für jeden Teefan: ein *Afternoon Tea* auf der Terrasse mit Ausblick auf den tiefblauen See und den immergrünen Golfplatz, umringt von teebaumbedeckten Hügeln, von denen leichte Teedüfte herabwehen.

Duftend sind die Nureliatees eigentlich immer, ihre herbe Frische ist fast zu jeder Jahreszeit bemerkenswert. Selbst wenn andere Gebiete Qualitätseinbußen aufgrund schlechter Witterung erleiden, gibt es hier immer noch Tees mit dem besonderen Touch. Im Nureliagebiet kann es allerdings auch Frost geben. Die Teebüsche leiden erheblich darunter, und es kann Monate dauern, bis sie sich erholt haben. Nureliatees zeichnen sich aus durch herbes, fruchtiges Zitrusflavour und sind sehr lange haltbar. Ihre Frische ist auch noch nach einem Jahr noch deutlich spürbar.

Man sollte sich die Plantagennamen wie Lover's Leap, Mahagastotte, Court Lodge und Tommagong merken. Mein persönlicher Tip: der Garten Lover's Leap und sein Pekoe Tea, der durch seine leichte Lieblichkeit bestticht.

TEE AUS DEM UVA- UND UDA-PUSSELAWA-DISTRIKT

Im Ostteil der Insel, rund um die Distrikthauptstadt Badulla, liegen sehr bekannte Teegärten inmitten kleiner Hügel und Berge, die sich von Haputale über Badulla bis nach Nuwara Eliya erstrecken.

Im Uvagebiet wachsen viele Teebüsche unter schattenspendenden Bäumen. Wälder und wilde Flußläufe durchziehen diesen Landstrich. Für Importeure und sogar für das einzelne Teegeschäft ist es wichtig zu wissen, welche Plantagen in diesem großen, unübersichtlichen Gebiet im laufenden Jahr die feinsten Tees produzieren. Dies hängt vom Wetter ab. Bedingt durch die unzähligen Hügel können die Winde einige Plantagen bevorzugen und beide Blattseiten der Sonne zugänglich machen, während andere hiervon nicht profitieren.

Zu den bekanntesten Teegärten dieser Gegend, die auch meist gute Tees produzieren, zählen: Uva Highlands, Chelsea, St. James, Dyraaba oder Aislaby.

Das typische Uva-Flavour, saftig, vollmundig, süßlich, würzig und preiselbeerartig, dominiert die Pflückungen der Monate Juli, August und September. Leider hält sich es nicht sehr lange, daher sollten sie relativ schnell konsumiert werden. Die dunkle Tassenfärbung erinnert an Assamtees.

TIPS FÜR EINKAUF UND ZUBEREITUNG

Dimbula, Nurelia und Uva sind sogenannte Highgrown-Tees: Sie stammen im Gegensatz zum Lowgrown aus Hochlagen über 1300 Metern.
Sie haben die Wahl zwischen dem schweren, vollmundigen Uva, den spritzigen, leichten und aromatischen Dimbulas und Nurelias oder den Lowgrown-Tees mit ihrem würzigen Charakter. In weichem Wasser entwickeln Dimbula und Nurelia mitunter zu wenig Farbe im Aufguß.
Highgrown-Ceylontees haben immer eine bräunliche Farbe. Auch hochwertige, reine Blatt-Tees, die allerdings immer seltener werden, dürfen einige Stalks enthalten: Nicht jede der hiesigen Plantagen verfügt über ein Gerät, mit dem man sie entfernen kann (Stalkextraktor).

Teefabrik Uva Highlands

Obwohl Ceylontee seine Qualität recht lange bewahrt, sollte man beim Einkauf darauf achten, daß er frisch ist.
Der Ceylon-Blatt-Tee O.P. (Orange Pekoe) ist sehr leicht und zart. Will man etwas kräftigere Tees, empfehle ich den Einkauf von Pekoes. Broken-Tees sind häufig zu klein im Blatt, daher auch leicht bitter.
Der Koffeingehalt der Ceylontees ist relativ hoch, daher sind sie oft richtige Muntermacher. Am Abend trinkt man besser Orange Pekoes dieser Region, da sie nur von leicht belebender Wirkung sind.

Ceylon-Ernte

DIMBULA/DICKOYA: Ende Dezember bis Ende März
UVA/UDA PUSSELAWA: Mitte/Ende Juli bis Anfang September
NUWARA ELIYA: Ende Dezember bis Ende März,
Mitte/Ende Juli bis Anfang September
RATNAPURA, MATARA, MATALE, GALLE, KANDY: ganzjährig
Die Tees sind gewöhnlich drei bis vier Monate später im Handel.

ZUBEREITUNG IM SAMOWAR

Low-grown-Tees eignen sich sehr gut für einen Samowar. Geben Sie ausreichend Blattgut in das Kännchen dieser russischen Teemaschine. Übergießen Sie die Blätter mit kochendem Wasser und schütten Sie dieses, bereits durch die Teeblätter gefärbte Wasser sofort wieder weg. Danach können Sie das Kännchen mit kochendem Wasser auffüllen und die Blätter so lange in diesem Wasser lassen, wie Sie es wünschen.

Der in dem Kännchen entstehende Sud wird zwei Finger breit in ein Glas geschenkt, das mit dem heißen Wasser aus dem Samowar aufgefüllt wird. Ein Würfel Zucker, und fertig ist das angenehm mild, würzig und süß schmeckende Getränk.

Samowar

CHINA

Japan
Peking
Huang He
China
Shanghai
Chang Jiang
FORMOSA
Hongkong
STILLER
OZEA

CHINESISCHE SPEZIALITÄTEN

Neben Indien und Ceylon zählt China zu den Giganten der teeproduzierenden Länder. Mit seiner jahrtausendealten Teekultur stand es einst an der Weltspitze. Der Legende nach hat Kaiser Shen-nung 2690 v. Chr. den Tee entdeckt, als die Blätter eines Strauches zufällig im abgekochten kaiserlichen Trinkwasser landeten und es goldbraun färbten. Chinesische Tees besitzen meist ein feines Aroma. Hier bevorzugt man Grüntees, die – wie auch der schwarze – gewöhnlich ohne Milch und Zucker genossen werden. Einige der bemerkenswertesten Spezialitäten stelle ich Ihnen auf den folgenden Seiten vor.

Ding Gu Da Fang

Große, lange, flach gepreßte Blätter, grün, leicht braunfärbend, ein kastanienähnlicher feiner Duft – das sind die charakteristischen Eigenarten dieses in eisernen Pfannen gerösteten Tees aus den Tianmushan-Bergen im Süden Anhuis. Benannt ist der Tee nach dem Mönch Dafang, der vor langer Zeit in einem Ort namens Ding Gu lebte und diesen Tee zum erstenmal herstellte.

HUO SHAN HUANG YA

Ein traditioneller chinesischer Tee mit einer über 1000 Jahre alten Geschichte. Er wird in den Bergen Dabieshans im westlichen Teil Anhuis hergestellt. Der pfannengeröstete Tee ist süßlich im Geschmack und äußerst lange haltbar. Die Form der Blätter erinnert an einen Vogelschnabel.

LUAN GUA PIAN

Diese wohl älteste grüne Teesorte Chinas kommt aus dem Gebiet von Luan in den Bergen Dabieshans (Provinz Anhui). Dieser Tee muß sehr vorsichtig in Pfannen getrocknet werden. Die fertigen Blätter ähneln der Saat der Wassermelonen und sind frischgrün. Die Infusion besitzt einen nachhaltigen, delikaten Duft, und der Geschmack ist immer mild und süß.

LONG XU

Wörtlich übersetzt heißt diese Sorte „Aussehen wie Barthaare". Diese neue Kreation ist seit 1989 im Handel: eine wohlduftende Rarität, von der es jährlich kaum mehr als 500 Kilogramm gibt. Sie hat ein jadegrünes Blatt und ist in der Tasse von klarem Gelbgrün – ein außergewöhnlich feiner Genuß.

YONG XI HUO QUING

Die leicht kugeligen, dunkelgrünen Blätter des Huo Quing kommen aus Yong Xi in den Huangshan Bergen. Der Sage nach pflückte einst ein armer Lehrer in einem Wäldchen Blätter und Knospen eines unbekannten Teestrauches, die beim Rösten einen zartsüßen Duft verströmten. Dies kam auch dem Kaiser zu Ohren, und fortan war es ein Getränk für die kaiserliche Tafel.

Für diesen exquisiten Tee verwendet man nur sorgfältig ausgesuchte, frisch gepflückte weiche Blattspitzen. In verschiedenen Pfannen werden die grünen Blätter mehrfach erhitzt, damit sich die kugelige Form herausbildet und der süßliche Charakter erhalten bleibt. Die Körnung ist gleichmäßig und von zartem Flaum.

HUO SHAN MAO JIAN

Huang Shan ist der Name eines Gebirges im südlichen Teil der Provinz Anhui. Es gibt diesen Tee bereits seit mehr als 200 Jahren. Er wächst in recht feuchtem Klima auf einer Höhe von knapp 900 Metern in humusreicher Erde. Die Gärten sind umgeben von dschungelartigem Dickicht.
Bei der Herstellung werden die frisch gepflückten, zarten, jungen Blätter in einem eisernen Topf bei hoher Temperatur gedämpft. Während des Durchwalkens sammelt man den Blattsaft und fügt ihn später dem Tee wieder hinzu. Die feuchten Blätter trocknet man über einem Holzkohlenfeuer, bevor sie gesiebt und verpackt werden.

HUANG HUA YUN JIAN

Das ist eine Spezialität, die in den höchsten Bergregionen wächst, an Hängen mit recht geringer Sonneneinstrahlung. Bedingt durch das strengere Klima kommt dieser Tee meist einen Monat später auf den Markt als die Mehrzahl der anderen grünen Teespezialitäten.

Der Name des Tees, dessen Blätter sehr lang und recht schmal geformt sind, bedeutet im Chinesischen soviel wie „Hübsche Nadeln", wörtlich: gelbe Blüte (Huang Hua), Wolke (Yun) und Nadeln (Jian).

TEE AUS HAINAN

Hainan ist Chinas größte Insel (34 000 m^2). Hier gibt es 23 Fabriken, die den Tee aus den „Fünffingerbergen" im Zentrum oder dem östlichen Flachland verarbeiten. Im subtropischen Klima dieser Region, mit einer durchschnittlichen Luftfeuchtigkeit von 80 bis 90 Prozent, gedeiht der Tee schnell und recht gut. Auf Hainan produziert man viele Spezialitäten, aber auch CTC-Tees, die im restlichen China völlig unüblich sind.

Mu-Dan-Teerosen

TEE AUS YUNNAN

Yunnantee wird vor allem im Südwesten der Provinz, an der Grenze zu Laos und Birma, angebaut. Das Klima ist sehr warm und feucht, und der Tee gedeiht in schattigen Regionen auf 1200 bis 2000 Metern Höhe. Die Durchschnittstemperatur beträgt dort 12 bis 23° C, und die Regenzeit dauert von Mai bis Oktober.

Diese malzig-herben Tees sind für jedes Wasses geeignet und geben selbst bei hohen Härtegraden noch viel ihres typischen mildrauchigen Geschmacks ab. Der schwarze Tee weist häufig goldene Tips auf. In Yunnan gibt es auch viele grüne Tees, die sowohl pfannengetrocknet als auch dampfbehandelt hergestellt werden.

Yunnantees findet man in fast allen Spezialgeschäften rund um die Welt. Im Gegensatz zu den meisten anderen Chinatees können sie durchaus mit Milch serviert werden.

Sie sind sehr lange haltbar und gelten allgemein als „Selfdrinker“, da ihr Geschmack auch bei widrigsten Zubereitungsbedingungen erhalten bleibt.

JASMINTEE

Aromatisierte Tees sind in China besonders beliebt, darunter dieser weltweit wohl bekannteste grüne chinesische Tee, der mit der zarten weißen Jasminblüte aromatisiert wird. Sie strahlt ihren Duft nur rund zwanzig Stunden nach dem Pflücken aus, davor und danach ist sie fast geruchsneutral. Nur in dieser Zeitspanne können die Blüten unter die vorbereiteten Teeblätter gemischt werden und ihr Aroma übertragen. Sonneneinstrahlung oder Tageswärme würden diesen Prozeß stark beeinträchtigen, deshalb findet er nachts statt. Häufig werden diese Tees auch mit dem aus den Blüten gewonnenen Jasminöl besprüht.
Auch bei Jasmintees gibt es große Unterschiede. In China trinkt man vorwiegend preiswerte Sorten, die besseren bleiben dem Export vorbehalten.

Es gibt Jasmintees zum Preise von etwa 10 DM, aber auch für 600 DM pro Kilogramm.
Je feiner eine Jasminqualität ist, desto geringer ist der Anteil an Blüten. Aus feinen und feinsten Tees liest man sie nach der Aromaübertragung wieder heraus. Die Blüten besitzen dann weder Duft noch Geschmack und würden nur bei der Entfaltung des feinen Aromas störend wirken.
Feiner Jasmintee ist nicht bitter oder herb. Er schmeckt hervorragend nach dem Verzehr von deftigen oder stark gewürzten Speisen, Fisch oder Meeresfrüchten und bildet den idealen Ausklang eines typischen chinesischen Dinners.

ZUBEREITUNG

Pro Tasse reicht eine Teelöffelspitze Jasmintee. Bei sehr guten Sorten, wie Chung Hao, Chung Feng oder Yin Hao, nur 60 bis 70° C heißes Wasser verwenden. Nicht länger als 2 Minuten ziehen lassen.
Bei Spitzenqualitäten können die Blätter im Getränk bleiben, der Tee bittert nicht nach. Keine Milch verwenden, Zucker nach Belieben.

Chinesischer Jasmintee

Dosieren Sie diesen Tee äußerst niedrig – eine Teelöffelspitze pro Tasse genügt.

Tips für die Zubereitung von Grünem Tee

Je weicher das Wasser, desto besser gelingt Grüner Tee. Bei hohen Härtegraden verwenden Sie am besten kohlensäurefreies Mineralwasser. Vor allem feine Sorten sollte man niemals mit kochendem Wasser aufgießen – sie verlieren ihren Geschmack. Lassen Sie das Wasser also auf 60 bis 70° C abkühlen und dosieren Sie die Teeblätter sparsam, nehmen Sie ungefähr halb so viel wie bei schwarzem Tee. 2 bis 3 Minuten Ziehzeit reichen völlig aus.

Grüner Tee sollte niemals aufdringlich schmecken, sondern mild, weich, blumig oder fruchtig. Gewöhnlich wird er in der Tasse nicht bitter: Schmeckt er trotzdem nach Algen, Fisch oder Spinat, haben Sie ihn entweder zu hoch dosiert oder die Blätter allzu lang im Wasser gelassen.

GRÜNER TEE UND DIE GESUNDHEIT

Grüner Tee schmeckt angenehm, rundet ein gutes Essen ab, verhindert Völlegefühl und erfrischt – das ist aber noch nicht alles. Im Rahmen eines gewandelten Ernährungsbewußtseins ist man auch hierzulande auf seine gesundheitsförderliche Wirkung aufmerksam geworden. Sie ist in China und vor allem in Japan, wo Grüner Tee jede Mahlzeit begleitet, seit langem bekannt: Dort gilt er als regelrechtes „Lebenselixier" und war bereits vor Jahrzehnten Gegenstand systematischer wissenschaftlicher Forschung.
Grüner Tee enthält im Gegensatz zum fermentierten Schwarztee hohe Anteile an Vitaminen, Aminosäuren, Kalzium, Spurenelementen und anderen wertvollen Stoffen. Es gilt inzwischen als erwiesen, daß dieses Potential bei regelmäßigem Genuß einen sehr positiven Einfluß auf den Körper hat und in gewissem Maße gar Krankheiten heilen oder verhindern kann.
So haben Untersuchungen des *National Cancer Institutes* in Tokio ergeben, daß Krebserkrankungen des Verdauungstraktes bei Personen mit intensivem Grünteekonsum weitaus seltener sind: Das Katechin, Hauptbestandteil der im Tee enthaltenen Gerbsäuren, verhindert oder begrenzt zumindest das für dieses Krankheitsbild typische unkontrollierte Zellwachstum. Es schränkt ferner die Bildung schädlicher Cholesterine im Bluthaushalt ein und wirkt somit prophylaktisch gegen Arteriosklerose, Herzinfarkt und zerebrale Mangeldurchblutung, die zu einem Schlaganfall führen kann. Ein vergleichbarer Effekt geht von den Aminosäuren aus, die der Hypertonie (Bluthochdruck) und den mit ihr verbundenen Gefahren entgegenwirken. Polysaccharine wiederum senken den Blutzuckergehalt und beugen so Diabeteserkrankungen vor. Katechin und das (auch in schwarzem Tee enthaltene) Theaflavin inaktivieren Grippeviren und stabili-

sieren das Immunsystem. Und, last not least: Die Gerbsäuren des Grünen Tees scheinen offenbar auch das Auftreten von Karies einzudämmen – gut zu wissen in unserer zuckerseligen Epoche.

Grüner Tee ist also weitaus mehr als ein Genußmittel: Er stärkt die Konstitution, besitzt prophylaktische und heilende Wirkung, kontrolliert den Biorhythmus und verlangsamt möglicherweise auch den Alterungsprozeß – soviel läßt sich mit einiger Sicherheit sagen. Ein Allheilmittel ist er aber selbstverständlich nicht, und Sie sollten ihn als „Medizin" keinesfalls im Übermaß zu sich nehmen: Sonst ergeht es Ihnen unter Umständen wie dem Protagonisten in Sheridan Le Fanus berühmter Gespenstergeschichte „Green Tea": Völlig überreizt durch das Teein, beginnt er zu halluzinieren...

Sechs bis acht Tassen täglich erscheinen mir als angemessene Dosis, und wichtig ist natürlich auch die Wahl der richtigen Sorte: am besten feine Tees aus früher Ernte.

TAIWAN (FORMOSA)

OOLONGTEE

Der in Taiwan, dem ehemaligen Formosa, hergestellte Oolong ist weder Grüner noch schwarzer, sondern ein halbfermentierter Tee.

MASCHINENGEPFLÜCKTE SORTEN

Die einfacheren Oolong-Sorten, wie Fancy, Finest und Finest Fancy, werden vorwiegend maschinengepflückt.
Ihr Blatt ist relativ groß und grob, der Tee enthält dunkelbraune bis schwarzbraune Stalks. Teesatz und Tasse präsentieren sich aromatisch mit leicht hölzernen, gelegentlich sogar etwas brandigen Noten. Das typische optische Merkmal dieser preiswerten Sorten ist die fast schwarze Blattinfusion.

Zubereitungstips

Oolongtees werden in der Tasse nicht bitter und dürfen bis zu 10 Minuten ziehen.
Gute Sorten eignen sich für jede Tageszeit, auch nachts; sie weisen nur ganz geringe Mengen an Koffein auf.
Man sollte sie ohne Sahne servieren und nach Bedarf etwas Zucker zugeben. Andere Zusätze sind für diesen feinen Tee, der seinen Charakter in nahezu allen Wasserarten gut zeigt, nicht notwendig.
Feine und feinste Oolongtees sind unbegrenzt haltbar.

HANDGEPFLÜCKTE, SONNEN-GETROCKNETE SORTEN

Sehr viel feiner und geschmacklich äußerst angenehm sind die handgepflückten und sonnengetrockneten Tees. Die Blätter werden tagsüber auf geflochtenen Matten oder Planen ausgelegt. Dabei muß direkte Sonnenbestrahlung vermieden werden, da sie sonst zu schnell vertrocknen und die Säfte sich nicht entwickeln können. Man läßt die Blätter so lange offen liegen, bis etwa die Hälfte des Blattes angetrocknet ist. Danach werden sie vorsichtig in tellergroßen Spezialmaschinen gerollt und abschließend in Öfen getrocknet.

Das Hauptanbaugebiet für diese feinen Oolongtees liegt nördlich der Hauptstadt Taipeh – Pei Pu genannt.Es gibt hier drei besondere Ernten: Ende April/Anfang Mai (Frühlings-Oolong), Ende Mai/Anfang Juni (Sommer-Oolong) und Anfang August (Herbst-Oolong). In den Handel kommen sie meist als *Superior, Top Superior Fancy Finest* oder als *Toppest* beziehungsweise *Most Toppest Oolong.*

FRÜHLINGS-OOLONG

Die Tees der Frühjahrsernte zeichnen sich durch ein zartes, frisches, blumig-brotiges Aroma aus und weisen in der Regel einige silbrige Blattspitzen auf.

Die grünliche bis hellbraune Tassenfarbe und der zauberhafte blumige Duft lassen jede Tasse zu einem exquisiten Geschmackserlebnis werden.

Eine Besonderheit sind die unter Aprikosen- oder Kirschbäumen gewachsenen Oolongs. Das entsprechende Fruchtaroma gelangt vor allem während der Obstbaumblüte durch herabfallenden Blütenstaub in den Tee. Hiervon gibt es jährlich kaum mehr als vier- bis fünfhundert Kilogramm. Einheimische Industrieunternehmen schicken während der Baumblüte Einkäufer in die Teefabriken, um ein wenig von dieser kostbaren Rarität zu erwerben. Man verwendet sie gerne als besonderes Geschenk für Geschäftspartner.

SOMMER-OOLONG

Die Sommertees sind wesentlich ausgereifter und bräunlich in der Blattfarbe, duften intensiver nach frischem Brot und zugleich nach einem Sommerblumenstrauß. Charakteristisch ist ihr stets blumig-milder, nie bitternder Geschmack. Die Infusion ist holzbraun und darf mit einigen Tips durchsetzt sein. Oolongs haben grundsätzlich, bedingt durch die großen Blätter, sehr viel Volumen: 100 Gramm ergeben nahezu die doppelte „Menge" anderer Tees. Daher kann man auch mit der Dosierung großzügiger sein.

HERBST-OOLONG

Die „Spätlese" ist noch eine Nuance würziger und dunkler in der Tasse, hingegen nicht mehr so fein in Duft und Geschmack. Vielfach mischt man sie mit Darjeelingtees, um in diese Sorten ein interessanteres Aroma hineinzubringen.

WEITERE SPEZIALITÄTEN

PI LO CHUN

Das ideale Blattgut für diesen bekannten Grünen Tee wächst vorwiegend zu Beginn der Saison, ungefähr Ende April bis Ende Mai.
Recht grobblättrig, unregelmäßig in der Struktur, mit ausgesuchten Blattspitzen, grün bis dunkelgrün in der Blattfarbe, weich und von mandelartigem Aroma, entfaltet er in jedem Wasser seine Qualität und wird niemals bitter.

LUNG CHING

Seine Kennzeichen sind (ähnlich wie beim Sencha) lange grüne, flachgepreßte und ungebrochene Blätter. In der Tasse ist er mildwürzig, von individuellem Geschmack, bittert nicht und eignet sich für jedes Wasser.

GUNPOWDER

Vorwiegend maschinengepflückte Teeblätter aus niedrigen Lagen werden in eigens hierfür vorgesehenen Trommeln längere Zeit gedreht. Das feuchte, oftmals wieder nachbefeuchtete Blatt trocknet sehr langsam, wobei es sich krümmt und schließlich die typische Kugelform gewinnt. Gunpowder ist meist bitter und beinhaltet sehr viel Koffein.
In Nordafrika läßt man Gunpowder gerne mit Pfefferminzblättern gemischt etwa 20 Minuten köcheln. Mit einem Löffel Zucker serviert, ergibt dies ein anregendes und erfrischendes Getränk.

SENCHA

Die Blätter sind hier grob, langgepreßt und unregelmäßig mit Einwurf durchsetzt. Die Tasse spielt ins Gelblichgrüne und bittert leicht. Sencha dient als Basistee für verschiedene aromatisierte Teemischungen.

CHUN MEE

Kleines, halboffenes, leicht gedrehtes grünes Blatt, leicht bitternd, grünliche Tassenfarbe.

JAPAN

GRÜNE TEES AUS JAPAN

Die japanische Teekultur hat eine sehr lange Geschichte. International bekannt ist die hiesige Teezeremonie, bei der pulverisierter Grüner Tee nach traditionellem Ritus zubereitet wird. Der tiefere Sinn dieses Rituals ist das Gemeinschaftserlebnis, die Konzentration aufeinander. Mitunter gilt es auch einem Gast oder einer einzelnen Person des Teilnehmerkreises.
Tee wird hier vorwiegend südlich von Tokio angebaut. Im Lauf der Jahrhunderte hat sich eine japanischen Verhältnissen angepaßte Teepflanze entwickelt. Sie stammt sicherlich von der Chinasaatpflanze ab, unterscheidet sich jedoch von ihr in Aussehen, Geschmack und Ertrag.

Japanische Pflücker bei der maschinellen Ernte

Die Tee-Ernte

Man erntet in Japan vorwiegend maschinell. Nur seltene und teure First-Flush-Senchas und Gyokuros werden von Hand gepflückt und sortiert.
Die Saison beginnt ungefähr Mitte April und endet im August. Dies sind die vier wichtigsten Ernteperioden, in denen die Blätter besonders gut entwickelt sind:
First Flush – Frühlingstee, hauptsächlich Sencha und Gyokuro.
Second Flush – Sommertee, vorwiegend Sencha.
Third Flush und Fourth Flush – Spätsommertees, vorwiegend Bancha.

First Flush Sencha

Auf ausgesuchten Teeplantagen werden die ersten Blätter bestimmter Teebüsche mit größter Behutsamkeit geerntet. Das weiche, zarte, frische, dezent vollmundige Mandelaroma dieser Tees ist einmalig. Sie bittern nicht und sollten unbedingt nur mit 60 bis 65° C warmem Wasser aufgegossen werden. Diese Raritäten, die nicht jede Saison verfügbar sind, werden vorwiegend in vakuumverpackten 50-Gramm oder 100-Gramm-Portionen angeboten. Am besten hält sich das Flavour, wenn man das geöffnete Päckchen unmittelbar nach der Tee-Entnahme wieder gut verschließt und im Kühlschrank aufbewahrt.

Sencha

Diesen Tee gibt es in unterschiedlichen Qualitätsstufen und Geschmacksrichtungen. Feine Sorten weisen zum Beispiel ein ausgesprochen gleichmäßiges, elegantes, dunkelgrünes Blatt auf. Hier darf es auch keine Anteile von Dust, Fannings oder Broken geben, und alle Stalks sind ausgesiebt.

Gute und feine Sencha Tees sollte man nur mit 60 bis 70° C heißem Wasser zubereiten, einfache vertragen kochendes Wasser.

GYOKURO ODER SCHATTENTEE

Von den Spitzensorten gibt es jährlich kaum mehr als 500 bis 800 Kilogramm. Davon wandert nur eine geringe Menge in den Export, und ein Händler muß über beste Beziehungen verfügen, um an die Spitzenqualitäten heranzukommen.
Ungefähr zwei Wochen vor der Ernte werden die Teebüsche mit Bambus- oder Reetmatten abgedeckt, damit sich Gerbstoffe und Koffein konzentriert und möglichst unbeeinflußt von Helligkeit und Witterung entwickeln können. Der Gyokuro darf herb sein, aber niemals bitter.
Dieser Tee sollte nur mit 60 bis 65° C heißen Wasser zubereitet werden.
Eine preiswertere Variante des Gyokuro ist der Kabusecha, der im Handel häufig ebenfalls als Gyokurotee angeboten wird. Bei Wachstum und Herstellung dieses Tees werden Büsche und Blattgut nur kurze Zeit mit dunklen Stoffen verhängt.

BANCHA

Der Bancha steht auf der untersten Qualitätsstufe der japanischen Tees. Es ist ein grobblättriger, mit vielen Stalks und Einwurf durchsetzter, mild-bitterer bis herber Spätsommertee, der sich gut zum Aromatisieren eignet.
Er bildet auch die Basis für den Genmaicha, der bis zu 50 Prozent mit geröstetem Vollkornreis angereichert wird.

TIPS FÜR DIE ZUBEREITUNG

Wollen Sie während des Tages immer wieder einmal zwischendurch ein wenig japanischen Tee trinken, füllen Sie ein bis zwei Liter abgekochtes Wasser in eine Thermoskanne. So müssen Sie bei Bedarf nur noch die Blätter in die Tasse oder Kanne geben und mit diesem Wasser aufgießen.
Grüner Tee aus Japan wirkt recht belebend, mehr als fünf oder sechs Tassen unmittelbar hintereinander können sogar regelrecht aufputschen. Langsam und wohldosiert genossen, birgt er aber keinerlei Gefahr.
Leichter Grüner Tee entlastet den Magen nach dem Essen.

ZUBEREITUNG

Wählen Sie eine gute bis sehr gute Qualität, denn ein Gramm pro Tasse reicht vollkommen. Lassen Sie den Tee nur etwa zwei Minuten ziehen. Die Blätter ausgezeichneter Lagentees können in der Tasse verbleiben, sie bittern nicht nach.
Für Spitzensorten empfehle ich die Verwendung stillen Mineralwassers.
Sollte der Tee bitter sein, haben Sie eine minderwertige Sorte gewählt! Schmeckt er nach Algen oder Spinat oder weist einen leicht fischigen Charakter auf, wurde er zu stark aufgebrüht. Verdünnen Sie ihn so lange mit heißem Wasser, bis er Ihnen schmeckt.
Grüner Tee ist ein völlig anderes Getränk als schwarzer. Man kann ihn wie Wasser in großen Mengen nebenbei trinken. Er ist ein hervorragender Durstlöscher, vor allem, wenn man ihn gekühlt zu sich nimmt.

Rund um den Tee

Tee in der Gastronomie

Es ist bemerkenswert, wieviel Gewicht man in guten Restaurants und Hotels auf ein ausgefeiltes Weinsortiment legt, und mit welcher Feierlichkeit und Sorgfalt ein guter Tropfen auf den Tisch des Gastes gelangt. Fragt man hingegen nach Tee, erweisen sich nur wenige Gastronomiebetriebe als kompetent, vor allem hinsichtlich des angemessenen Servierens.
Oft reicht es lediglich zu einem Aufgußbeutel, der die Tasse zwar geschwind dunkel färbt, jedoch in dem nur 70 bis 75° C heißen Wasser aus der Kaffemaschine keinen sonderlich feinen Geschmack zustandebringt.
Warum nur? Kürzlich bestellte ich einen Tee in einem Flughafenrestaurant. Für 7,50 DM bekam ich einen Becher mit heißem Wasser und einen Schwimmbeutel, also einen Aufgußbeutel ohne Faden und Etikett oder Inhaltsangabe. Abgesehen davon, daß der Tee scheußlich schmeckte, alt war und keinerlei Aroma zeigte, halte ich diese Abfertigung eines Kunden für geradezu entwürdigend. Ich stellte folgende Berechnung an: 1,5 Gramm für 7,50 DM, das entsprach einem Kilopreis von 5 000 DM! Natürlich darf man so simpel nicht rechnen, aber ich bin der Meinung, daß ich für 7,50 DM ein Anrecht auf einen ordentlichen Tee habe. Muß es schon Beuteltee sein, sollte man zumindest qualitativ hochwertigen einkaufen. Kann ein Gastronom tatsächlich nicht 8 oder 10 Pfennig mehr für eine Portion erübrigen? Das wäre nämlich schon ausreichend, um dem Gast eine erheblich bessere Qualität anbieten zu können.
Außerdem ist die Zubereitung losen Tees überhaupt kein Problem – man muß es nur ein- oder zweimal üben, und schon hat man den Bogen heraus. Und man benötigt natürlich das passende Geschirr, das jedoch gewiß nicht die Welt kostet.
Neuerdings gibt es sogar Kannenbeutel mit 5 Gramm Füllung für eineinhalb bis zwei Tassen Tee. Die Idee, Blatt-Tees gastronomiegerecht und einfach zuzubereiten, ist sicherlich

nicht verkehrt. Andererseits zieht der Tee auf dem Weg von der Küche zum Gast so lange, daß er dunkel, fast kaffeefarben ankommt und obendrein noch bitter schmeckt.
In renommierten Cafés und *Tearooms* findet man inzwischen zwar gelegentlich eine annehmbare Auswahl an Blatt-Tees (und hat vielleicht noch das Glück, daß sie *comme il faut* serviert werden), doch dies ist leider die Ausnahme. Nach wie vor beherrscht „Beuteltee-Kultur" die Gastronomie, so daß ich nur empfehlen kann: Beschweren Sie sich! Lassen Sie sich einen miserablen Tee einfach nicht gefallen. Ich nehme mir das Recht heraus, deswegen sogar den Geschäftsführer anzusprechen und gehe so weit, ein Hotel entscheidend nach dem Niveau seines Tee zu beurteilen! Eigentlich schade, daß man Gourmets und Weinkenner hofiert, den Teefreund hingegen mit so viel Nachlässigkeit und Ignoranz abspeist...

Rotgoldener Aufguß aus Ceylontee

AROMATISIERTE TEES

Im Handel ist eine ganze Reihe von Teemischungen mit zusätzlichen Aromastoffen erhältlich, und der Klassiker darunter ist zweifelsfrei der *Earl Grey.* Sein wunderschöner, frischer Zitrusduft stammt vom Öl der Bergamotte.
Bis Ende der sechziger Jahre verwendete man für diesen Tee häufig eine Komposition aus Darjeeling- und Assam-, Ceylon- und Chinatees, geringen Zusätzen von Rauchtee (Lapsang Souchong), Jasmintee und mitunter auch grünem Gunpowder.
Diese Mischung wurde damals, umhüllt von Filterpapier, auf dem Mischplatz eines Teegroßhandels ausgebreitet und vorsichtig mit Bergamotteöl beträufelt. Diesen Vorgang wiederholte man mindestens einmal täglich, wobei der Tee zuvor nochmals durchgemischt wurde.
Nach etwa einer Woche war der Earl Grey fertig. Man schmeckte das Blumige des Darjeelings, spürte das Malzige des Assams und einen leicht rauchigen Unterton oder hatte das liebliche Flavour des Jasmintees auf der Zunge – stets untermalt vom zarten Aroma der Bergamotte.
Heute werden Tees zum Aromatisieren gewöhnlich direkt mit Öl besprüht. Die Basismischungen bestehen häufig aus kräftig färbendem Ceylon und Chinatees, die das Öl gut absorbieren, gelegentlich nimmt man auch preiswerte Ware aus Vietnam.
Die wichtigsten aromatisierten Sorten sind: Earl Grey, Zitronen-, Orangen-, Vanille-, Schwarzer-Johannisbeer- und Rhabarbertee. Sie machen mehr als 80 Prozent des Umsatzes an aromatisiertem Tee aus.
Tip: Achten Sie bitte immer darauf, daß diese Tees frisch sind, da sich die zusätzlichen Aromen relativ rasch zersetzen. Kaufen Sie am besten nur Ware mit natürlichen, allenfalls naturidentischen Aromen.

Blattgrade

Blatt-Tees

Wollen Sie einen leichteren, aromatischen, wenig bitternden Tee trinken, nehmen Sie am besten einen Blatt-Tee.
Er besitzt große, lange, grobe Blätter, die sich beim Aufguß teilweise in Originalgröße entfalten. Das Wasser kann sie nur geringfügig auslaugen, und ein Großteil der Inhaltsstoffe, wie Koffein, Gerb- und Geschmacksstoffe, bleibt in den Blättern. Deshalb sind diese Tees zumeist wesentlich leichter, dünner und aromatischer im Abguß als diejenigen anderer Blattgrade.
Die fachlichen Bezeichnungen der Blatt-Tees sind nicht standardisiert. Somit kann jeder Pflanzer, jedes Gebiet seine Produkte mit beliebigen Bezeichnungen versehen. Diese Blattbezeichnungen geben auch keinen Hinweis auf die Blattbeschaffenheit.

GT *Golden Tips.* Häufig goldene Blattspitzen, wenig Geschmack, gute Optik.
Assam, Darjeeling, Nilgiri.

Silver Tips Silbriggrüne, nicht aufgegangene Teeblätter mit sehr viel zartem Flaum, kaum Geschmack, gute Optik.
Ceylon, China, Darjeeling, Nilgiri.

SFTGFOP *Special Fine (Finest) Tippy Golden Flowery Orange Pekoe.* Beste Aussiebung der Teeherstellung, einheitliches Blatt.
Darjeeling, Assam, Terai, Dooars, Nilgiri, Nepal.

TGFOP *Tippy Golden Flowery Orange Pekoe* – Assam, Darjeeling, Nepal, Nilgiri. In Darjeeling häufig zweite Sortierung, in den anderen Gebieten Hauptblattgrad.

GFOP *Golden Flowery Orange Pekoe.* Normaler Blatt-Tee mit wenig Tips, gelegentlich mit etwas Einwurf.
Assam, Bangladesh, Nepal.

FOP *Flowery Orange Pekoe.* Assam, Bangladesh, Ceylon, China, Nepal, Nilgiri, Vietnam. In Assam normaler Blatt-Tee, in Ceylon und Bangladesh fleischiger Blatt-Tee; in China und Vietnam Hauptblattgrad.

OPsup *Orange Pekoe Superior.* Vorwiegend Tippy Tee. Indonesien.

OP *Orange Pekoe.* Einfaches Blatt, keine Tips, meist auch ohne Einwurf.
Argentinien, Brasilien, Ceylon, Indonesien, Nilgiri, Vietnam.

BOPI *Broken Orange Pekoe.* Ceylon, spezielle Blattsortierung der Lowgrown-Gebiete, Blatt-Tee mit grobem Broken, ergiebig in der Tasse, ideal zum Aromatisieren (zum Beispiel Earl Grey, Vanille, Orange).

Offgrades Gibt es bei den Blatt-Tees kaum, werden zu BP (*Broken Pekoe*) oder anderen Blattgraden verarbeitet.

Die Bezeichnung „Orange Pekoe“ hat im übrigen nichts mit Orangen zu tun: Pekoe heißt Blatt, Orange Pekoe bedeutet also nichts anderes, als daß es sich um Blatt-Tee handelt. In

Holland gab es früher eine Mischung namens „Oranje Pekoe“, sie stammte aus den damaligen holländischen Kolonien in Indonesien. In Großbritannien fand dieser Tee Gefallen, allerdings war der Name auf Englisch schwer auszusprechen, und so machte man Orange Pekoe daraus.

Broken

Bei der Verarbeitung grüner Blätter zu schwarzem Tee müssen die Zellen in den Blättern aufgebrochen werden, damit der Sauerstoff Oxydation und Fermentation einleiten kann. Hierzu walkt man die Blätter anfangs leicht, sodann kräftiger. Für Aufgußbeuteltee ist hoher Druck erforderlich, bei Broken-Qualitäten geringerer.

Bei den Broken-Tees gibt es folgende Bezeichnungen:

Pek *Pekoe.* Grob, unregelmäßig, fleischig – Ceylon, Nilgiri, Kenia, Tansania, Vietnam.

BOPgrof *Broken Orange Pekoe grob.* Indonesische Bezeichnung für Pek(oe).

BPS *Broken Pekoe Souchong.* Leicht kugeliger, grober Tee – Assam, Darjeeling

FTGFBOP *Fine (Finest) Tippy Golden Flowery Broken Orange Pekoe.* Bezeichnung des ersten Brokengrades in Darjeeling und Assam – Darjeeling, Assam, Nepal.

TGFBOP *Tippy Golden Flowery Broken Orange Pekoe* – Darjeeling, Assam, Nepal, Nilgiri, in diesen Gebieten Bezeichnung des ersten Broken-Grades.

GFBOP	*Golden Flowery Broken Orange Pekoe* – Assam, Kenia, grober-Assam Broken, in Kenia kleinblättriger Broken einer bestimmten Plantage.
GBOP	*Golden Broken Orange Pekoe.* Kleiner Broken mit einigen Tips – Assam, China (Yunnan).
FBOP	*Flowery Broken Orange Pekoe.* Meist grober, unregelmäßiger Broken, wird häufig auch anstelle von Pekoe genannt – Assam, Nilgiri, Ceylon, China, Kenia, Tansania, Vietnam. In Ceylon bei den Highgrown-Tees der Blatt-Tee.
BOP	*Broken Orange Pekoe* – Ceylon, Nilgiri, China, Kenia, Tansania, Brasilien, Türkei, Argentinien, Java und Sumatra, Hauptblattgrad in diesen Gebieten.
BP	*Broken Pekoe*
BOP2	*Broken Orange Pekoe 2.* Offgrade der Broken-Produktion – Nilgiri, Ceylon, Indonesien, Südamerika, Guatemala.
BT	*Broken Tea.* Schwarzes, offenes, fleischiges Blatt. Indonesien.
FBOPF I	*Flowery Broken Orange Pekoe Fannings I* – Ceylon Lowgrown, Tippy Lowgrowns aus Ceylon werden ausnahmslos so benannt – es sind grobe Blatt-Tees.

Fannings

Aufgußbeuteltees stellen auf vielen Plantagen die Hauptsortierungen. Sie ergeben eine äußerst kräftige Tasse, sind jedoch herb und selten von feinem Aroma. Fannings-Tees können vom Wasser besonders gut und schnell ausgelaugt werden. Das Flavour wird allerdings schnell von freiwerdenden Gerbstoffen überdeckt.

BOPF *Broken Orange Pekoe Fannings.* Hauptgrade der orthodoxen Teeproduktion, gleichmäßiges Blatt ohne viel Einwürfe (in Indonesien Broken Orange Pekoe Fine, kleine Broken) – Assam, Nilgiri, Ceylon, Indonesien, China, Südamerika, Südafrika.

TGOF *Tippy Golden Orange Fannings* – Darjeeling und Assam, Hauptblattgrade dieser Anbaugebiete.

FOF *Flowery Orange Fannings* – Assam, auf einigen Plantagen dieses Gebietes Hauptblattgrade der Fannings-Sortierungen.

OF *Orange Fannings* – Darjeeling, Assam, Südamerika, Südafrika, Sortierungen dieser Gebiete, in Darjeeling meist eine kleinere Aussiebung als TGOF.

PF *Pekoe Fannings* – Indonesien. So bezeichnet man hier die orthodoxen Fannings.

Offgrade Aussiebungen, die mit vielen Blattrippen durchsetzt sind, werden bei Fannings als Offgrades bezeichnet. In Mitteleuropa kaum im Handel.

DUST

Dust ist die kleinste Aussiebung der Teeproduktion, Hauptkonsumenten sind Indien, Pakistan und England. Dust-Tees sind sehr ergiebig, man benötigt oft nur 0,2 bis 0,3 Gramm für eine Tasse. Hierzulande findet man sie selten, da sie so fein sind, daß sie selbst das Filterpapier durchdringen und das Aufgußbeutelpaket im Supermarktregal unansehnlich werden lassen.

PD	*Pekoe Dust.* Top-Grade der Dust-Produktion, einheitliches Korn, sehr kräftig und dunkelfärbend.	
PD 1	*Pekoe Dust 1*	jeweils kleine staubigere Aussiebungen
D 1	*Dust 1*	
D 2	*Dust 2*	
D 3	*Dust 3*	
PD 2	*Pekoe Dust*	
RD	*Resedue Dust*	

CTC

Bei der CTC-Produktion werden die Teeblätter stark zerkleinert. Daher gibt es nur wenige Blattgrade. Fannings und Dust-Grades stellen 85 bis 95 Prozent, lediglich 5 bis 15 Prozent sind Broken-Qualitäten.
CTC-Tees bringen sehr schnell viel Farbe in die Tasse, geben auch einige Gerbstoffe sofort in das Getränk.
CTC-Blattgrade sind nahezu identisch mit denen der orthodoxen Produktion. Lediglich den Hauptgrad des Broken nennt man häufig BP I = Broken Pekoe I.

BP 1	*Broken Pekoe 1*
BP	*Broken Pekoe*
BOP	*Broken Orange Pekoe.* Ins Ermessen der Plantage gestellte Größe der Sortierung.
BT/BP 2	*Offgrade Broken,* mit Blattrippen und Holzstücken durchsetzt
PF/PF 1	*Pekoe Fannings 1.* Hauptgrad der CTC-Produktion, gleichmäßiges, gutes Aufgußbeutelkorn.
FP/FP 1	unregelmäßig, verschiedene Blattgrade.
BMF	*Broken Mixed Fannings.* Mit Blattrippen durchsetzte Fannings.

Genug des Verwirrspiels!

Beachten Sie einfach folgende Faustregeln:
Blatt-Tee – leicht und aromatisch
Broken – kräftig, dunkelfärbend, herb
Fannings – Aufgußbeutelqualität

BLATTBEZEICHNUNGEN BEI GRÜNEM TEE

Bei der Herstellung von Grünen, unfermentierten Tees werden völlig andere Blattbezeichnungen verwendet als bei den Schwarztees.

Sencha	Langes, gerades, grünes Blatt. Japan, China, Taiwan.
Chun Mee	Kleines, leicht unregelmäßiges, hellgrünes Blatt. China, Indien, Ceylon, Taiwan.
Gunpowder	kugeliger Grüner Tee. China, Ceylon, Indien, Taiwan.
Sowmee	Offenes, unregelmäßiges grobes Blatt. China, Indien, Ceylon.
Hyson	Kleinerer, zarterer, zu Beginn der Saison hergestellter Gunpowder. China.

TEEKANNEN UND ANDERES ZUBEHÖR

Es gibt viele anmutig schöne, aber auch skurrile Teekannen auf dem Markt – so begegnet man in Souvenirläden witzigen Exemplaren in Form von Dampfern, Häusern oder Autos. Bekannte Porzellanmanufakturen fertigen eine Vielzahl zauberhafter Teekannen, zum Service passend, teilweise aus hauchdünnem Material. Hinzu treten Kannen aus Ton, Gußeisen, Glas und anderen Werkstoffen, doch das Aussehen spielt keine so entscheidende Rolle.

Wichtig für die Teezubereitung sind zwei Dinge:

- ausreichend Raum in der Kanne, damit die Blätter sich voll entfalten können.
- das Ausspülen der Kanne vor dem Aufbrühen des Tees, am besten mit heißem Wasser.

Japanisch-chinesisches Tee-Set

Durch das Ausspülen werden eventuell noch vorhandene Teereste oder Rückstände vom Abwaschen entfernt, die sich negativ auf den Geschmack auswirken könnten, und heißes Wasser wärmt die Kanne an.

REINIGUNG DER KANNE

Eine Teekanne muß auch von innen gereinigt werden. Man kann auf intensive Spülmittel verzichten, aber sauber sollte die Kanne schon sein. Wer mag schon aus einer schmutzigen Kanne seinen feinen Tee trinken?
Natürlich darf eine Teekanne auch in die Spülmaschine – aber dann unbedingt vor Gebrauch noch einmal mit Wasser ausspülen.
Eine Ausnahme bilden Kannen aus Ton: Man sollte sie innen keinesfalls mit Spülmittel säubern. Das Material ist porös, und in den offenen Poren würden sich Reste der Substanz festsetzen. Man darf sich allerdings beim Wechsel der Teesorte nicht wundern, wenn in der Tonkanne noch der Geschmack der vorherigen vorhanden ist, vor allem, wenn man von aromatisierten Tees zu naturbelassenen wechselt.

UMGIESSEN ODER „FILTERN“

Wahre Genießer benutzen zwei Kannen für die Teeezubereitung. In einer wird der Tee aufgebrüht, und nach der Ziehzeit füllte man ihn in die zweite Kanne um. Das ist bestimmt die zuverlässigste und vornehmste Methode, aber gewiß nicht die praktischste. Man muß zwei Kannen reinigen und gießt vielleicht sogar beim Umschütten vorbei …

KANNEN MIT SIEBTEIL

Bei den Teekannen ist mir eine besonders aufgefallen, weil sie ein zeitlos schönes Design mit problemloser Handhabung kombiniert: die *monofilio*-Kanne.
Ein übergroßer, aus nichtrostendem Metall hergestellter Siebteil hängt in einer Glaskanne. Die Teeblätter werden in das Sieb gegeben, dann kommt kochendes Wasser darauf. Während der Ziehzeit entfalten sich die Blätter ungehindert, so daß sich der Geschmack des Tees optimal entwickeln kann.
Nun nimmt man das Sieb mitsamt den Blättern heraus, legt es beiseite und serviert den Tee gleich aus dieser Kanne.
Die *monofilio* gibt es für 3 bis 4 Tassen (0,6 l) und 6 bis 8 Tassen (1,2 l), die größere auch mit einem passenden Stövchen.
Zum Reinigen hält man das Sieb einfach unter fließendes Wasser. Kanne und Sieb können ein- oder zweimal pro Woche in der Spülmaschine gereinigt werden.

monofilio-Tekanne

Japanische und chinesische Kannen

Grünen Tee trinke ich am liebsten aus einer der kleinen chinesischen oder japanischen Porzellankannen mit seitlich angebrachtem Griff.
Die dazugehörigen Schälchen liegen gut in der Hand und sind dünn, aber nicht so sehr, daß man Gefahr läuft, sich Lippen oder Zunge zu verbrennen. Sie fassen genau die Menge, die ich benötige, um den kleinen Durst sofort zu stillen.
Bei ausgezeichnetem Tee kann man die Blätter im Kännchen lassen, er wird darin nicht bitter.
In China oder Japan wird fast immer solches Geschirr benutzt. Man gibt hier eine große Menge Teeblätter in das Kännchen und gießt heißes Wasser darauf. Die Blätter quellen nur kurz an, und schon wird in die bereitstehenden Schälchen der aufgebrühte, sehr kurz gezogene Tee geschenkt. Der Gast kann ihn sofort trinken, da das Schälchen meist kalt ist und die relativ geringe Menge schnell erkaltet. Der erste Aufguß belebt und erfrischt.
Sofort nachdem der aufgebrühte Tee ausgeschenkt wurde, gießt man neues Wasser auf die Blätter. Jetzt hat man meist etwa zwei Minuten Zeit, den Tee ziehen zu lassen, bis die Gäste das erste Schälchen ausgetrunken haben. Der zweite Aufguß wird serviert. Er präsentiert sich in den Schälchen noch blumiger, zarter und milder.
Es folgt der dritte, bei dem die Blätter gewiß einige Minuten Zeit zum Ziehen haben, da der Durst der Gäste vorerst gestillt ist. Die dritte Tasse ist daher meist erheblich kräftiger. Es kann noch einen vierten oder sogar fünften Aufguß geben, der Tee wird dann allerdings immer ausdrucksloser.
In diesem Fall kann man Grünen Tee mehrfach aufgießen, ansonsten rate ich davon ab, da die Blätter sich in den hier üblichen Teekannen so gut entfalten, daß die guten Geschmacksstoffe bereits beim ersten Aufguß ausgeschwemmt werden.

Noch ein Tip: Feuchte Teeblätter nicht aufbewahren! Sie nehmen extrem schnell fremde Gerüche an und setzen rasch Schimmel an.

Chinesische Kippkanne

FILTERBEUTEL AUS PAPIER

Eine praktische Lösung stellen die großen Papierbeutel dar, die mit einer kleinen Kette oder einer Halterung aus Kunststoff ins Wasser gesenkt werden. Man muß dennoch aufpassen, daß der Beutel sich nicht löst und in die Kanne fällt. Ich rate auch davon ab, diese Filter bei exquisiten Sorten zu verwenden, da nach meinem Empfinden das Aroma durch das Papier beeinträchtigt wird.

TEENETZE AUS STOFF

Gut zu handhaben sind die überall im Handel erhältlichen Stoffnetze. Achten Sie aber darauf, daß Sie kein zu kleines Netz kaufen, im Zweifelsfall lieber eine Nummer größer: Die Blätter müssen gut aufquellen und Geschmack abgeben können.

Reservieren Sie bitte unbedingt für jeden Tee – schwarzen, grünen und aromatisierten – ein eigenes Netz. Es wäre schon schade (eigentlich ein Sakrileg!), käme Spitzendarjeeling mit Karamelaroma in Berühung ...

Die Netze säubern Sie einfach unter fließendem Wasser. Bitte niemals Spülmittel verwenden! Etwa nach einem Vierteljahr sollten Sie die Netze auswechseln, doch das hängt natürlich auch von Ihrem individuellen Teeverbrauch ab.

Wasserhärten

Als Faustregel gilt: Je geringer die Wasserhärte, desto besser gelingen die meisten Tees.
Das Wasser sollte daher möglichst weich sein und wenig Kalk oder Chemikalien enthalten.
Fehlt diese Voraussetzung, läßt sich Abhilfe schaffen, indem man das Wasser durch einen Spezialfilter laufen läßt oder stilles Mineralwasser benutzt.
Ein ganz wichtiger Aspekt: den geeigneten Tee für das Wasser aussuchen!
Bestehen Probleme mit dem Wasser, sollte die Teesorte gewechselt werden.
Es gibt für jedes Wasser den passenden Tee!
Ideal sind sogenannte *Selfdrinker*, Tees, die in jedem Wasser ihren Charakter zeigen. Dazu gehören der Yunnan Tee aus China, der Oolong aus Formosa, der Dimbula aus Ceylon und bedingt auch Assamtees aus Indien.
In der folgenden Tabelle finden Sie einen Überblick über die Wasserhärten in Deutschland, Österreich und in der Schweiz. Die mittlere Spalte gibt den Bereich der Härte an:

Härtebereich 1	0–7° dH
Härtebereich 2	8–14° dH
Härtebereich 3	14–21° dH
Härtebereich 4	über 21° dH

Dies dient Ihnen zur groben Orientierung, welche Qualität Sie wo vorfinden – bis zu vier unterschiedliche Bereiche in derselben Stadt! In der rechten Spalte können Sie die exakten Werte ablesen, angegeben in Graden deutscher Härte (dH). Dies ist eine offizielle Maßeinheit für die Wasserhärte: Enthält ein Liter Wasser ein Gramm Kalziumoxyd (CaO), so entspricht dies einem Grad deutscher Härte.

WASSERHÄRTEGRADE IN DEUTSCHLAND

Stadt	Bereich	Grad deutscher Härte
Aachen	1–2	0,0–14,0
Aschaffenburg	3	19,0
Augsburg	2	13,2
Baden-Baden	1, 2 und 3	3,5; 7,0–14,0; 16,5
Bad Homburg	NW 1/SO 2–3	3,0–6,0; 13–18
Bad Reichenhall	2	10,0–11,0
Bad Tölz	3	18,2–20,4
Bamberg	2 und 3	7–14 und 17–19
Bayreuth	1–3	0,0–21,0
Berlin	3 und 4	15,0–24,0
Bielefeld	2 und 3	7,0–21,0
Bochum	2	7,5 und 8,8
Brandenburg	2	7,0–14,0
Braunschweig	1	4,0
Bremen	1 und 2	7,3; 7,1; 9,2; 13,5
Bremerhaven	2	6,7–12,3
Celle	1	6,5
Chemnitz	1	2,0–6,0
Darmstadt	3	14,9–19,7
Delmenhorst	2	7,0–14,0
Detmold	1, 2 und 3	5,0–18,1
Dortmund	2	8,0
Düsseldorf	3	7,0–14,0
Duisburg		
nördl. d. Ruhr	3	20,0
südl. d. Ruhr	2	11,0
Emden	2	12,3
Erlangen	2 und 3	11,0–17,0
Essen	1 und 2	6,9–9,0
Flensburg	2	7,9–8,3
Frankfurt/Main	1–4	0,0–>21,0
Frankfurt/Oder	3	14,5–17,0
Freiburg	1, 2 und 3	2,1–4,8; 11,6; 17,3

Stadt	Bereich	Grad deutscher Härte
Friedrichshafen	2	8,7 und 12,0
Fürth	2	12,3
Fulda	1	0,0–7,0
Garmisch-P.	2–3	11,7–15,4
Gera	2–4	7,0–>21,0
Göppingen	2 und 3	13,5–15,5
Göttingen	1	0,0–7,0
Gütersloh	3	18,0–20,0
Hagen	1 und 2	3,0–9,0
Halle/Saale	3–4	20,0–23,0
Hamburg		
überwiegend	1–3	7–14
westl. Stadtteile		3–14
nördl. Stadtteile		8–20
Süden/Harburg		2–7
Kreis Stormarn		2–7
Hameln	4	25,0
Hamm	2	7,1–7,6
Hannover	2–3	14,0–16,0
Heidelberg	2 und 4	7,0–14,0 und >21,0
Herford	3	18,0–21,0
Hildesheim	1 und 2	0,0–14,0
Husum	2	11,5
Ingolstadt	3	19,5–21,0
Jena	1–4	3,0; 13,0; 14–17; 20–45
Kaiserslautern	1	3,3
Kassel	1, 2 und 3	0,0–21,0
Koblenz	2 und 3	7,0–14,0
Köln	3 und 4	16,0–22,0
Konstanz	2	8,8
Krefeld	3 und 4	20,0–24,0
Leer	1	0,0–7,0
Leipzig	3	14,0–21,0
Lindau	2 und 3	7,0–21,0
Lörrach	2	7,0–14,0

Stadt	Bereich	Grad deutscher Härte
Ludwigsburg	2	7,0–14,0
Ludwigshafen	2 und 3	9,2–18,9
Lübeck	3	14,4–20,0
Magdeburg	2	7,0–14,0
Mainz	3–4	14,4–22,5
Mannheim	3	20,0
M'gladbach	2 und 3	11,2–16,7
München	3	17,7
Münster	3 und 4	11,2–19,8
Neubrandenbg.	3	17,2
Neumünster	2	11,5
Nürnberg	2	13,4
Offenbach	2–3	7,4–15,3
Offenburg	1	7,0
Oldenburg	1 und 2	0,0–14,0
Osnabrück	2–4	8,2–9,6; 18,9–20,3; 28,9–29,5
Paderborn	1, 2 und 3	5,5–18,1
Passau	2	10,5
Pforzheim	1, 2 und 3	0,0–21,0
Pirmasens	1	3,6–4,9
Potsdam	3–4	16,0–21,5
Recklinghausen	2	7,8–11,4
Regensburg	3	15,5–16,5
Reutlingen	2 und 3	8,0–17,0
Rheine	2 und 3	7,3–8,1
Saarbrücken	1 und 2	0,0–14,0
Schweinfurt	3 und 4	18,8–21,4; 28,0–28,7
Schwerin	2 und 3	13,6–17,8
Solingen	1 und 2	6,3 und 12,6
Stralsund	4	21,3–28,6
Stuttgart	1, 2 und 3	3,5; 7,0–14,0; 16,5
Trier	1–2	3,0–10,0
Tübingen	2–3	8,9–19,1
Ulm	3	14,1–20,3
Villingen-Sch.	1–4	0,0–>21,0

Stadt	Bereich	Grad deutscher Härte
Westerland	1	3,6
Wiesbaden	1–3	1,5–19,0
Wilhelmshaven	1	6,0–7,0
Wismar	3	13,4–19,5
Wittenberg	3	14,1
Wolfsburg	1	0,0–7,0
Worms	3	14,9–19,7
Würzburg	3 und 4	14,0–21,0 und 21,0–38,0
Wuppertal	1–2	5,0–11,0
Zwickau	1–4	2,0–25,0

WASSERHÄRTEN IN DER SCHWEIZ

Stadt	Bereich
Basel	2
Bern	2 und 3
Genf	2–4
Lausanne	2
Luzern	2
Zürich	2

WASSERHÄRTEN IN ÖSTERREICH

Stadt	Bereich
Graz	3
Innsbruck	2
Klagenfurt	3
Linz	2–4
Salzburg	2
Sölden	1
Wien	1 und 2

YUNNAN
BLACK TEA
YUNNANBLACKTEA
NO: 0033
KG.
KG.
YUNNAN TEA BRANC
1371/54
HAMBURG
陆海联运
112
HAMBURG
112

TEEGESCHÄFTE

ADRESSEN UND SPEZIALITÄTEN

In der folgenden Übersicht finden Sie eine Reihe guter Adressen für Ihren Teekauf, alphabetisch nach Städten gegliedert: zunächst die deutschen, dann Spezialgeschäfte in Österreich und der Schweiz und abschließend einige berühmte Traditionsfirmen in England. Fehlt ausgerechnet Ihre bevorzugte Quelle, denken Sie daran, daß ich hier nur eine kleine Auswahl bringen kann!

DANIELS TEA HOUSE
Muthesiusstr. 7, 12163 Berlin

Die Besonderheit dieses Teeanbieters aus Berlin liegt in der gediegenen Verpackung: dunkle Gläser mit Schraubverschluß. Das Aroma der Tees hält sich prächtig. Der Kunde findet hier ein breitgefächertes Sortiment feiner Tees.

DARJEELING SFTGFOP POOBONG
Milder, wohlriechender, blumiger, ausgereifter, etwas brotig schmeckender Tee der Sommerernte.

FAMOUS EARL GREY TEA
Diese Komposition schwarzblättriger Tees wurde mit Bergamotteöl aromatisiert – ein vollmundiger Tee.

ORANGE SPICE TEA
Dunkel abgießende Blatt-Tees unterschiedlicher Provenienz, gemischt mit Orangenschalen und aromatisiert mit einer milden Mischung aus Orangen- und Gewürzölen.

KING'S TEAGARDEN
Kurfürstendamm 217, 10719 Berlin

Die Besonderheit des Teehandels am Kudamm: Die Firma bietet ihre Qualitäten grundsätzlich in Vakuumverpackungen à 40 Gramm an. Die Breite des Sortiments ist bemerkenswert, Information und Hinweise über die Tees erhält der Kunde auf Nachfrage.
Man kann alle Sorten in der Probierstube im ersten Stock probieren.

DARJEELING POOBONG/OOLONG
Ausgereifter, feiner, nicht ganz durchfermentierter grobblättriger Darjeeling, leicht, blumig, Oolong-weich.

NEPAL MALOON
Hochinteressante Rarität aus dem Hochland von Nepal. Zartes Blatt, weicher und milder Geschmack – auch kalt angenehm zu trinken.

CHINA SILVER DRAGON
Fruchtig frische Rarität mit Anisflavour, goldgelb in der Tasse, gelingt in fast jedem Wasser.

TEEKAMPAGNE UND HANDELSGESELLSCHAFT MBH
Postfach 411020, 12120 Berlin

Beachtlich ist der Erfolg dieser Handelsgesellschaft, gegründet von Studenten und Professoren der Freien Universität Berlin. Ihre einzige Sorte, der Darjeeling, ist bereits Marktführer bei den Großpackungen.

SECOND FLUSH DARJEELING
Dunkelabgießender, neutraler Alltagstee der Ernten von Juli und August, angenehm zu trinken.

CHADO TEEHANDELSGESELLSCHAFT
Hermannstr. 106-109, 28201 Bremen

Dieses Unternehmen konzentriert sich ausschließlich auf biologisch angebaute Tees.
Die – vorwiegend im Naturkosthandel angebotenen – Pakkungen in modernem Design enthalten ausgesuchte bis exzellente, stets frische Ware. Sie gelangt nur nach gewissenhafter Verkostung in den Handel.

DARJEELING SINGELL SFTGFOP 1 FIRST FLUSH
Zarter, blumiger, frischer und belebender Spitzentee, sortentypisches Flavour.

GRÜNTEE SINGAMPATTI PREMIUM
Feiner, fruchtiger unfermentierter, ausgereifter Tee aus Südindien – eine Besonderheit.

LEBENSBAUM
U. Walter GmbH, Maschstr. 31, 49356 Diepholz

Das niedersächsische Unternehmen vertreibt europaweit vorwiegend biologisch angebaute Tees und Drogen. Auf den Packungen wird der Kunde umfassend über den Inhalt informiert (zum Teil in mehreren Sprachen).

DEMETER DARJEELING MAKAIBARI
Ausgereifter Spätsommerteee, buntes Blatt, dunkelfärbend: ein schöner Alltagstee.

SÜDINDIEN NILGIRIS MANIMUTTAR
Vollmundiger, kräftiger biologischer Blatt-Tee mit typisch englischem Gepräge, angenehm rund und voll im Geschmack.

INDIEN GRÜNTEE OOTHU
Ein feiner Grüntee mit Noten von Ananas und Pfeffer, fruchtig, voll und mild.

DRESDNER TEEKONTOR
Cossebauder Str. 15, 01157 Dresden

Eines der Teefachgeschäfte in Sachsen, die sich schon bald nach der Wende auf Lagentees und Spitzenprodukte bestimmter Herkunftsländer spezialisiert haben.

Eine gutes Sortiment hochwertiger Tees wird in nunmehr vier Fachgeschäften im Großraum Dresden angeboten, mit fachkundiger Beratung.

DARJEELING SECOND FLUSH JUNGPANA
Ein vollmundiger, zarter, blumiger, dunkel abgießender Sommertee. Angenehm für den Nachmittag.

TAIWAN PI LU CHUN
Diese fruchtige, würzige, frische Grüntee-Spezialität zeigt das feine, nicht bitternde Aroma in jedem Wasser.

FORMOSA TOP SUPERIOR FANCY OOLONG „SCHWARZER DRACHE“
Ausgewogen, sortentypisch, harmonisch und mild – ein Spitzenprodukt der halbfermentierten Tee-Ernte Formosas.

TEEKANNE GMBH
Kevelaerer Str. 19, 40549 Düsseldorf

Das weltbekannte Teehaus in Düsseldorf, ursprünglich gegründet in Dresden, gilt als Erfinder der Aufgußbeutel. Man eroberte auf diesem Sektor die marktführende Position und verfügt mittlerweile über ein breites, feines Sortiment an Broken- und Blatt-Tees.

DARJEELING GFOP
Weicher, milder, feiner und ausdrucksvoller Darjeeling der Sommerernte, frisch und angenehm.

ENGLISH BLEND FBOP
Komposition schöner Highland-Pekoes aus Ceylon und Indien, leicht und fruchtig.

FRIESEN GOLD
Dunkelfärbend, neutral, würzig und dennoch mild.

ERKA TEE/EXCELLENT TEE
Karstadt AG, Theodor-Althoff-Str. 2, 45133 Essen

Erhältlich bei Karstadt und Hertie.
Eigenmarke zu recht günstigen Preisen.
Wenig saisonale Besonderheiten, dafür konstante Qualität.

BROKEN ORANGE PEKOE
Preiswerter, dunkelfärbender Konsum-Broken.

GEWÜRZ- & TEEHAUS SCHNORR & CO. GMBH
Neue Kräme 28, 60311 Frankfurt/M.

Dieses Spezialgeschäft, seit über 40 Jahren eines der bekanntesten und besten Teehäuser der Stadt, verfügt über ein breitgefächertes Sortiment.
Neben Gewürzen und erlesenem Porzellan aus China und Japan werden hier auch feine Aufgußbeuteltees angeboten.

DARJEELING FIRST FLUSH NAMRING UPPER
Ein leichter, blumiger, nussiger und hocharomatischer Tee, dessen milde Süße sich noch lange auf dem Gaumen hält.

DARJEELING RISHEEHAT FIRST FLUSH
Mildherber, sortentypischer Tee mit leichtem Maiglöckchen-Aroma, frisch und fein.

DARJEELING CASTLETON AUSLESE
Kräftig in der Tasse, prägnant im Geschmack, mild und schokoladenartig im Duft.

TEEHAUS J. T. RONNEFELDT
Kurfürstenplatz 38, 60486 Frankfurt/M.

Als Belieferer erstklassiger Hotels verfügt dieses renommierte Haus über aufwendig verpackte, mit umfangreichen Informationen versehene, attraktiv gestaltete Teepakete in verschiedenen Ausführungen.

DARJEELING FRÜHLINGSTEE NURBONG
Ein ansprechender, kleinblättriger Frühlings-Darjeeling, frisch im Geschmack. Preislich an der Obergrenze, jedoch nur Mediumqualität.

LUKULL DARJEELING
Einfacher, dunkel abgießender Darjeeling mit hohem Broken-Anteil.

DARJEELING NO. 4
Medium-Darjeeling mit kräftiger Tasse.

ASSAM HERRENTEE
Kräftig abgießender, kleinblättriger Broken mit dunkler Tassenfarbe.

TEE-PETER-GMBH
Kaiser-Joseph-Straße, 79012 Freiburg

Der Familienbetrieb in Freiburg ist bekannt für seine ausgesucht feinen Kaffees und Tees. Ein breites, wohlsortiertes Angebot an Grün-, Schwarz- und Früchtetees wird mit fachkundiger Beratung angeboten.
Hervorzuheben sind das gute Preis-Leistungs-Verhältnis und die beständige Erweiterung des Sortiments mit Neuentdeckungen.

DARJEELING 5 UHR
Zarter, milder und blumiger, nicht bitternder Nachmittagstee der Sommerernte.

CHINA JASMINE DRAGON PHOENIX PEARL
Kugelige, flaumbehaftete grobe Blätter entfalten im Aufguß die Frische der Jasminblüte mit einer leichten, unaufdringlichen Tasse.

CHINA GU ZHANG MAO JUN
Feiner, mildwürziger-blumiger China Tee mit zartem, leicht rauchigem Geschmack.

ED. MESSMER GMBH & CO. KG
Messmerstr. 29, 97508 Grettstadt

Dieses wohl älteste überregionale Teehaus Deutschlands gehört zur Firmengruppe „Ostfriesische Teegesellschaft“, bietet jedoch sehr ansprechende Qualitäten an, bevorzugt bei Broken- und Blatt-Tees.

MESSMER-KLASSIK
Schöne, eindrucksvolle Komposition guter Tees aus China, Indien und Ceylon – interessante Note in der Tasse.

MESSMER-ASSAM
Leicht würziger, angenehm milder Nachmittagstee.

HANSEATIC TEA GMBH
Bei den Mühren 69a, 20457 Hamburg

Das junge Team dieses erst vor wenigen Jahren gegründeten Teeladens konzentriert sich auf den Handel mit exklusivsten Tees aller Art. Sie werden in einem mit originalen Teekisten urig eingerichteten Geschäft frisch abgewogen und verkauft. Außerdem gibt es einen europaweiten Versand.

NO. 98 – DARJEELING FTGFOP 1 SECOND FLUSH SINGELL
Ein zarter, milder, blumiger, nussiger, aromatischer, leichter, vollausgereifter, biologisch angebauter Tee, nicht bitternd.

CHINA FINEST WHITE HEAD OOLONG
Grobblättrige, erdige, bekömmliche Frühlingstee-Spezialität besonderer Höhenlagen Chinas, mit Noten von Anis. Wirklich eine Besonderheit und zudem ein Selfdrinker.

JAPAN FIRST FLUSH URESHINO
Diese japanische Rarität ist eine Spitzenqualität, die niemals bittert. Sie wird vakuumverpackt und hält daher lange ihr frisches, fruchtiges, blumiges Aroma.

HAUS DES OSTENS
Jungfernstieg 7, 20354 Hamburg

Das Traditionshaus im Herzen der Hansestadt verfügt seit Jahren über ein festes, qualitätsorientiertes Stammsortiment, ergänzt von saisonalen Spezialitäten.
Qualität ist hier die Devise, gute Information und Beratung beim Teekauf.

DARJEELING FANCY TIPPY GOLDEN THURBO
Plantagentee, blumig, mild, fein, ausgereift, Lagentee der Spitzenklasse.

ASSAM TIPPY GOLDEN FOP HAJUA
Ein schöner, schwerer, malziger, würziger Tippy, vollmundig, rund und angenehm im Abgang – hervorragende Qualität.

CHINA JASMINE CHUNG HAO
Der feine, zarte Jasmintee aus China zeigt sein delikates Flavour in jedem Wasser. Ein Spitzenprodukt chinesischer Teekunst.

KAFFEERÖSTER TIMM GMBH
Sachsentor 15, 21029 Hamburg

Kleine exquisite Kaffeerösterei mit modernem Management. In der Spezialabteilung für Tee wird der Kunde kompetent und in entspannter Atmosphäre beraten. Man legt hier weniger Wert auf aufwendige Verpackung, achtet dafür aber auf hervorragende Qualität zu angemessenen Preisen.

FORMOSA SUPERIOR FANCY OOLONG
Selfdrinker, Rarität aus Formosa, nie bitternd, weich und mild, brotig und blumig – ein Tee, der in jedem Wasser gelingt.

JAPAN GREEN TEA SENCHA
Frischer grüner Tee aus Japan, langes dunkelgrünes Blatt, hocharomatisch und mild.

DARJEELING TIPPY
Ausgewogener, ausgereifter, feiner, mildwürziger Darjeeling der letzten Ernte.

WILKENDORF'S TEE-IMPORT HAUS
Waldstr. 22, 76133 Karlsruhe

Das Traditionshaus in Karlsruhe widmet sich schon in der dritten Generation dem Tee. Ein ausgewogenes Qualitätssortiment wird dem Kunden fertig verpackt angeboten. Hervorragende Beratung und große Sachkenntnis zeichnen für zuverlässig feine und feinste Qualitäten.

NO. 219 – DARJEELING SECOND FLUSH
Ein süßlicher, blumiger und angenehm milder, feiner Sommertee mit sortentypischem braunen Blatt und ausgereifter Infusion.

NO. 209 – ASSAM FLOWERY
Das grobe, mit einigen Tips durchsetzte Blatt ergibt in der Tasse die typische Stärke des Assam: malzig, fein und nicht zu kräftig.

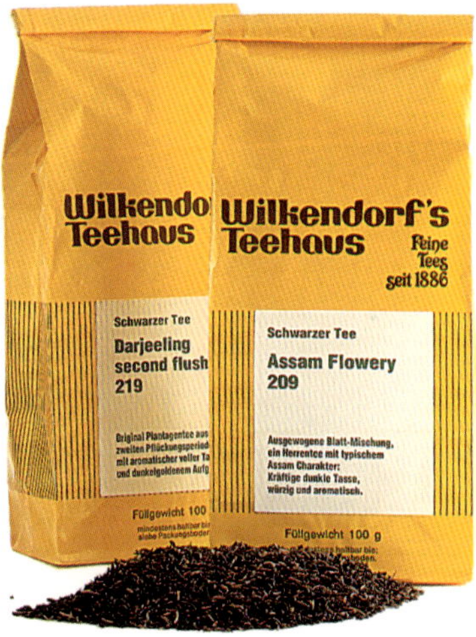

CÖLNER TEEHAUS
Benesisstraße 53, 50672 Köln

In modernem Ambiente wird neben ausgesuchtem Zubehör und erlesenen Weinen ein breites Spektrum an feinen und feinsten Tees angeboten. Kunden, die nicht nur die freundliche und kompetente Beratung in Anspruch nehmen wollen, steht ein übersichtlicher Katalog mit Schwergewicht auf Darjeeling-Lagentees und Grünen Teespezialitäten zur Verfügung.

EARL GREY BIO
Vollmundiger, kräftiger Tee aus biologischem Anbau, behutsam aromatisiert mit Bergamotteöl, angenehm mild und fein duftend.

FIRST FLUSH SIKKIM TEMI
Zarteste feinste Teespitzen, fachmännisch geerntet und hergestellt, traumhaft milde Süße, eine Besonderheit auch für hartes Wasser!

CHINA SILVER MONKEY KINGS JASMINE
Unregelmäßige, gekräuselte, silbrige Teespitzen, verbunden mit zartem Jasminduft, ergeben eine außergewöhnlich feine und nicht bitternde Tassenqualität.

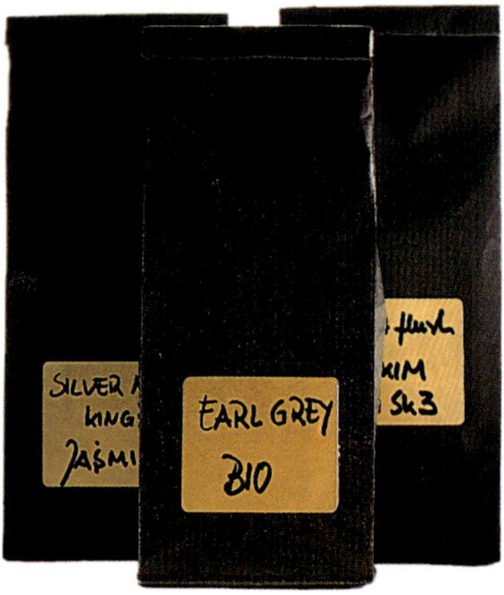

J. BÜNTING & CO.
Postfach 1260, 26762 Leer

In ostfriesischen Leer trinkt man traditionell Assamtees. „Bünting Grünpack" ist die wohl bekannteste Sorte und auch anderso in Deutschland erhältlich.
Mit Erfahrung und Sachkenntnis werden hier jedes Jahr im Sommer die feinsten Tees der Assamernte ausgesucht.

BÜNTING GRÜNPACK
Kräftiger, voller, malziger, mildherber und würziger Assam Broken – ein typischer Ostfriesentee, der bestens mit Sahne und Kluntjes mundet.

BENNYS TEELADEN
Hochhaus am Markt, 79539 Lörrach

Das Qualitätshaus nahe der Schweizer Grenze ist bekannt für ein Sortiment ausgezeichneter Grüner Tees und eigener Kompositionen aromatisierter Tees. Der Inhaber verfügt über großes Fachwissen und ist ständig bemüht, das Sortiment mit neuen, speziell Grünen Teesorten auszubauen.

CEYLON BROKEN UVA
Kleiner braunblättriger, fruchtiger, aromatischer, preiselbeerartiger Tee der Sommerernte Ceylons. Hervorragende Qualität!

DARJEELING SECOND FLUSH BADAMTAM
Buntes, unregelmäßiges Blatt, zartblumiger, frischer Duft, feines, süßliches Flavour, mildwürzig und blumig in der Tasse.

LÜBECKER TEE KONTOR
Königspassage, 23552 Lübeck

Zusammen mit dem im Süden der Republik ansässigen Spezialhaus „Teapot“ ist ein breites Sortiment feiner und feinster Tees zusammengestellt worden.
Hervorzuheben ist nicht nur die große Auswahl, sondern auch das besondere Profil des Darjeeling-Sortiments.

SECOND FLUSH DARJEELING GOPALDHARA
Vollmundiger, süßer, blumiger und zarter Tee der Sommerernte mit schönem Blatt, angenehmer Nachmittagstee.

FIRST FLUSH DARJEELING PUSSIMBING
Apart im Duft, fein auf der Zunge, mild im Abgang, leichte Tasse, zum Inbetween tendierend.

FIRST FLUSH DARJEELING GLENBURN
Typischer, frischer, blumiger, spritziger Frühlingstee, mildherb mit grünen Blättern.

DER TEELADEN
Gschwendner, Heidestr. 26, 53340 Meckenheim

Das Unternehmen mit etwa 90 Franchise-Nehmern in Deutschland, der Schweiz und in Österreich bietet neben einem umfangreichen Sortiment verschiedener Tees auch Zubehör und mitunter Confiserieartikel an.
Mit Sorgfalt werden die Tees ausgesucht und in einer separaten Preisliste mit wissenswerten Informationen vorgestellt.

NO. 8 DARJEELING TGFOP SPRINGSIDE
Schöner weicher, vollmundiger Darjeeling der Sommersaison, ausgereift.

NO. 51 OSTFRIESEN-BLATTMISCHUNG
Aromatischer, leicht cremender, kaum bitternder Assamtee der Sommerernte.

ALOIS DALLMAYR
Dienerstr. 18, 80331 München

Der Feinkosttempel im Herzen Münchens ist nicht nur ein exquisiter Kaffeeröster, sondern bietet auch mit großer Sorgfalt ausgesuchte Spitzentees an.
Ein überschaubares Sortiment der gehobenen Klasse wird in besonders aromaschützenden, aufwendigen Verpackungen angeboten.

NO. 121 – DALLMAYR TEE
SECOND FLUSH DARJEELING GREEN
Zartblumiger, leichter, süßer, ausgereifter Spitzentee der Sommerpflückung, haltbar und aromatisch.

NO. 120 – DALLMAYR TEE HIGHGROWN CEYLON
Typisches Preiselbeeraroma, deftig, herb und gehaltvoll-kräftig in der Tasse, geeignet auch für hartes Wasser.

NO. 111 – DALLMAYR TEE ASSAM GOLDSPITZEN
Mildwürziger, feiner, ausgewogener, vollmundiger Tippy Assam Broken, ein wunderbarer Tee für weiches Wasser, angenehm mit etwas Sahne und Kandis.

EILLES TEE
Residenzstr. 13, 80333 München

Zum Hause Darboven gehörendes Spitzengeschäft mit mehreren Filialen in München und einem interessanten Angebot an feinen und feinsten Tees.
Teesorten, die in nahezu jedem Wasser den Charakter zeigen, werden ohne große Beratung zum Kauf angeboten.

DARJEELING IMPERIAL FIRST FLUSH
Fruchtiger, leichter Tee mit angenehmer Blume, zart im Blatt, sortentypisch.

DARJEELING ROYAL SECOND FLUSH
Feinster Sommertee mit hellem Einwurf, aromatisch, blumig, mildherb, angenehm im Abgang.

ASSAM ROYAL TEESPITZEN
Kleinblättriger Broken mit fast neutraler Tasse, dunkelfärbend und interessant.

FEINKOST KÄFER GMBH
Prinzregentenstr. 73, 81675 München

Der bekannte Münchner Gourmet-Tempel verfügt über eine Reihe eigener Tees. Aufmachung und Qualität ähneln denen des Teehauses Ronnefeldt.

KÄFER'S GOLDEN SELECTION:
TIPPY GOLDEN FLOWERY ORANGE PEKOE
Leichte Teemischung mit Darjeeling-Charakter.

TEE DANKESREITER GMBH
Frauenplatz 10, 80331 München

Das neue Münchner Teegeschäft berät seine Kunden kenntnisreich und freundlich in mehreren Filialen. Das umfangfreiche und hochklassige Sortiment wurde nach intensivem Verkosten zusammengestellt, wobei das Augenmerk sich besonders auf biologisch angebaute Tees guter Qualität richtete. Das Angebot wird beständig durch attraktive Neuzugänge erweitert.

DARJEELING FIRST FLUSH FTGFOP 1 SINGELL
Ein traumhaft milder und weicher, zugleich spritziger und belebender Tee mit hellgrüner Tasse. Nuancen von Maiglöckchen.

SÜDINDIEN SFTGFOP 1 MANIMUTTAR
Ein Südinder, der seinen englischen Charakter in jedem Wasser zeigt: vollmundig, kräftig und würzig.

VANILLETEE MIT ECHTEN VANILLESTÜCKEN
Eine Ceylon-China-Mischung mit feinster Madagaskar-Vanille, die ihr Aroma auch in problematischem Wasser bestens entfaltet.

ONNO BEHRENDS TEE IMPORT
Postfach 140, 26491 Norden

Das zur „Ostfriesischen Teegesellschaft" gehörende Traditionshaus in Norden hat ein breites Spektrum feiner Tees im Sortiment.

ONNO BEHRENDS ECHTER OSTFRIESEN TEE
Eine Mischung aus Assam und Sumatra-Tee, würzig, geschmackvoll.

ONNO BEHRENDS GOLD
Angenehm „trockener" Assamtee, mit schönen Tips im Blatt und einer cremenden Tasse – ein richtiger Ostfriese!

TEEBLÄTTER VERSAND
R. Gehweiler, Löwengasse 8, 78315 Radolfzell

Der Teespezialist vom Bodensee bietet in Laden und Katalog ein breitgefächertes Sortiment bester Grün- und Schwarztees und fachkundig zubereiteter aromatisierter Sorten.

DARJEELING FIRST FLUSH MAKAIBARI BIO
Mild und blumig, für einen First Flush vielleicht ein wenig dunkel und kräftig, jedoch fein im Abgang.

DARJEELING FIRST FLUSH SINGELL BIO
Dieser zartblättrige, blumige Sommertee besitzt trotz seiner Weichheit ein ausgeprägtes Flavour und ergibt eine sehr milde Tasse.

DARJEELING FIRST FLUSH JUNGPANA UPPER
Früher, sortentypischer mild-herber angenehmer frischer Tee der bekannten Jungpana-Plantage.

HANDELS- UND VERWALTUNGS KG J. BACHFISCHER
Kapellengasse 6, 93047 Regensburg

Mit viel Engagement hat sich das Ehepaar Bachfischer in kurzer Zeit einen hervorragenden Namen für ausgesuchte und feine Tees geschaffen. In umfangreichen Preislisten und Broschüren werden die (auch im Versand erhältlichen) Tees beschrieben.

DARJEELING SECOND FLUSH RISHEEHAT TGFOP 1
Ein angenehm milder Nachmittagstee, blumig und leicht in der Tasse, herb im Abgang.

ASSAM HAJUA TGFOP
Ein Plantagentee besonderer Güte, dunkelfärbend, malzig, kräftig, trocken, einige goldene Tips, schöner Tee für den Morgen.

STRAWBERRY CREAM
Aromatisierter Grüntee. Grünem Sencha wurden gefriergetrocknete Erdbeerstücke beigemischt.

GEPA
Talstraße 20, 58332 Schwelm

Aufwendig verpackte Tees bezieht die Gepa von ausgesuchten Teegärten in Afrika, Ceylon und Indien.
Hier steht offensichtlich der Direktimport von der Plantage im Vordergrund.
Leider altern die bereits am Herkunftsort abgepackten Tees recht schnell, da das Papier bereits auf der langen Reise zum Käufer Einfluß auf ihre Qualität nimmt.

GEPA MURIMI (SCHWARZER HOCHLANDTEE AUS AFRIKA)
Ein maschinell hergestellter, wenig haltbarer Fannings-Tee (Aufgußbeuteltee) aus Zimbabwe.

GEPA MARI TEE FLOWERY BROKEN OP
Vom Blatt her ein typischer Ceylontee, der jedoch aus Südindien stammt. Das Haltbarkeitsdatum war bereits beim Erwerb dieser Pakete erreicht, daher eine wenig attraktive Tasse.

HOCHLAND KAFFEE, Hunzelmann GmbH & Co.
Chemnitzer Str. 13, 70597 Stuttgart

Mit größter Sorgfalt werden in diesem Stuttgarter Familienbetrieb feinste Tees saisonal hervorragender Teegärten ausgesucht.
Sortentypisch stellen sich die Qualitäten dar:

SECOND FLUSH DARJEELING GOLD NO. 1
Feiner, blumiger, vollmundiger und süßer Sommertee, der überall seine Qualität zeigt, haltbar und äußerst preiswert.

ASSAM NO. 8
Schwerer, malziger und würziger Broken, ausgereift und angenehm mild.

ENGLISCHE MISCHUNG NO. 15
Gelungene Komposition feiner Ceylon- und Darjeeling-Blatt-Tees, frisch und blumig, mild.

SYLTER TEEKONTOR
Sidik 15, 25980 Keitum auf Sylt

Idyllisch auf der grünen Wiese der Nordseeinsel ist dieses hervorragende Teefachgeschäft angesiedelt.
In großzügigen Räumen wird der Kunde in die Welt des Tees eingeführt.
Neben einem recht breit gefächerten Grün-, Schwarz- und Aromatee-Sortiment gibt es Kräutertees und Zubehör in vielen Variationen.
Die Inhaber legen größten Wert auf ausführliche Beratung- und bieten daher auch regelmäßig Seminare mit Teeverkostung an.
Ihre Aufmerksamkeit gilt besonders den grünen Tees sowie allen biologisch gewachsenen Kräutern und Tees.

NO. 48A – FRIESISCHER TEE
China-, Darjeeling- und Assamtee, wohldosiert gemischt – feiner, runder Tee für den Hausgebrauch.

SYLTER GRÜNTEE MORGENMISCHUNG
Hochinteressante, wohlschmeckende Komposition ausgesuchter Grün- und Schwarztees, leicht und äußerst bekömmlich für den Morgen, mild im Abgang.

DARJEELING SELIM HILL FIRST FLUSH
Sehr aromatischer, mildwürziger-weicher nach Maiglöckchen duftender Blatt-Tee, in weichem Wasser ein Hochgenuß.

TEEVERSAND STEFAN KOLODZIEJ
Turmstr. 2, 29525 Uelzen

Mit viel Enthusiasmus hat sich dieses kleine Unternehmen einen guten Ruf vor allem auf dem Gebiet Grüner und biologisch angebauter Tees geschaffen. Regelmäßiges Probieren und intensive Recherche bis zum Produzenten erbrachten eine umfangreiche Liste ausgesuchter Teespezialitäten.

CHINA SILVER MONKEY
Eine zarte, fruchtig blumige Rarität aus China mit dunkelgrünem, gekräuselten Blatt, ein FirstFlush von Spitzenqualität.

DARJEELING FTGFOP 1 OAKS FIRST FLUSH
(FLUGTEE, DJ 5/97)
Früher, dennoch ausgereifter, frischer, vollmundiger, spritziger und blumiger First Flush der Saison 1997 – rundum typisch und angenehm, nicht bitternd.

TEEHANDELSKONTOR BREMEN GMBH
Jan-Weber-Str. 2, 27726 Worpswede

In attraktiver weiß-blauer Aufmachung werden die Tees dieses zur Ronnefeldt-Gruppe gehörenden Franchise-Unternehmens (rund 30 Filialen in verschiedenen Städten) angeboten.
Die Zubereitungshinweise auf den Tüten sind ein wenig zu ausführlich und daher eher verwirrend.

DARJEELING GOLD AUSLESE
Mischung aus Ernten verschiedener Jahreszeiten mit recht viel Stalks – leichte, milde, dezent süßliche Tasse.

BREMER MISCHUNG
Eine interessante Komposition mit dunklerer Tassenfarbe – ein leichter Nachmittagstee.

HEISSENBERGER TEE & KAFFEE
Grüne Gasse 2a, A 8020 Graz

Dieses Familienunternehmen legt großen Wert nicht nur auf geschmackvolle Verpackung, sondern auch auf den exquisiten Inhalt.
Mit Beharrlichkeit und Fachwissen werden hier so lange Plantagenmuster getestet und selektiert, bis die typische „Heissenberger"-Qualität gefunden ist.
Kaum Kompromisse – nur erlesene Qualität zählt. Sehr umfangreiche und ideenreiche Preisliste.

DARJEELING TOP OF THE SEASON
Zählt mit Sicherheit zur Spitze des vorhandenen Sortiments. Ausgereift, süßlich duftend, ein Traumtee für den Nachmittag.

SÜDINDIEN GRÜNER TEE OOTHU
Eine mildwürzige, frische Sortierung aus Südindien, mit Noten von Ananas, ein Grüner Tee für jeden Geschmack.

CHINA SWORD PEKOE
Große, fleischige, flaumbedeckte Blattknospen geben ein leicht erfrischendes, würziges Aroma – ein Tee für jedes Wasser.

JÄGER & COMPAGNIE
Operngasse 6, A 1010 Wien

Nahe der weltberühmten Staatsoper findet man das älteste Teegeschäft von Wien, das die Familie Steinmetz mit viel Liebe und Sachverstand führt. Die interessant und ansprechend verpackten Sorten kann man auch in einem umfangreichen, detaillierten Katalog studieren.

ASSAM MANGALAM
Mildwürziger und feiner, zartblättriger Golden Tippy Assam – ein leichter Morgentee aus der Frühjahrsernte.

DARJEELING GLENBURN FLUGTEE (ERNTE 1997)
Ein sortentypischer, hocharomatischer Darjeeling – herb, frisch und fruchtig.

WIENER OPERN MELANGE
Diese harmonische Komposition aus feinem Assam- und Darjeelingtees entfaltet das Aroma ihrer zarten Blätter in jedem Wasser.

LÄNG-GASS-TEE
Länggass-Strasse 47, CH 3012 Bern

Ein Teespezialgeschäft im Ambiente eines ehemaligen Kaufmannsladens. Mit sehr viel Sachverstand werden von den Inhabern jede Saison wieder neue Tees verkostet.
Der Schwerpunkt liegt auf einer Vielfalt Grüner Tees, aber auch das breite Sortiment feiner Darjeeling-Lagentees verdient Beachtung.
Im Teestübchen des Hauses können alle Sorten auch probiert werden.

CHINA YIN ZEHN
Seltene Grünteeköstlichkeit aus China. Lange, gleichmäßige, zarte Blätter entfalten einen frischen, delikaten, sonnenblumenartigen Duft.

DARJEELING JUNGPANA
Fruchtig, mild und frisch, ausgereift und auch kalt noch sehr ansprechend – ein Tee von einer der Top-Plantagen Darjeelings.

CHINA SONG YANG
Große weiche, flauschige grüne Blattspitzen verleihen dem heißen Getränk eine ausgesprochene Frische, die auch im kalten Zustand angenehm mundet.

LUZERNER GEWÜRZ- UND TEELADEN
Eisengasse 12, CH 6004 Luzern

Wer sollte wohl mehr über Tees wissen als ein vor vielen Jahren aus Assam eingewanderter Fachmann?
Der Inhaber bedient selbst in der gediegenen Boutique in der Luzerner Altstadt.
Seine besondere Liebe gilt natürlich den kräftigeren Tees aus Assam, die zum Teil direkt importiert werden.
Das Grünteesortiment ist außergewöhnlich umfangreich.

DARJEELING FIRST FLUSH RISHEEHAT
Unverkennbar ist der leicht schokoladenartige Charakter dieses frischen Tees von einer der bekanntesten Plantagen Darjeelings, mildherb und fein.

CHINA YUNNAN SUPERIOR
Der Selfdrinker schlechthin, dunkel in der Tassenfarbe, milchig, leicht rauchig aber mild im Geschmack – ein Tee für jedes Wasser.

JAPAN SENCHA
Bei 80° C soll dieser feine Tee nur eine Minute ziehen. Er ist gelbgrün in der Tasse, mild und brotig im Geschmack – ideal nach dem Essen.

REICHMUTH VON REDING
Gut Waldegg, Postfach 460, CH 6430 Schwyz

Innerhalb weniger Jahre hat der Inhaber einen Teeversand der internationalen Spitzenklasse aufgebaut. In den Katalog werden nur erlesenste Produkte aufgenommen und ausführlich beschrieben. Bei diesem Niveau versteht es sich fast von selbst, daß auch die Verpackung sehr geschmackvoll gestaltet ist.

DARJEELING FIRST FLUSH LINGUA 1997
Das kleine Blatt verströmt bereits in trockenem Zustand einen intensiven First-Flush-Duft. Ein rassiger, belebender, frischer Tee mit Veilchenaroma.

FORMOSA HIGHGROWN FANCY OOLONG
Für einen Oolong gießt dieser gehaltvolle, blumig-würzige Tee ein wenig dunkel ab, ist aber nicht bitternd: ein Traum von einem Tippy!

CHINA GREEN HUANG SHAN MAO FENG
Eine milde Spezialität mit langen, gleichmäßigen, hellgrünen Spitzen und Aprikosenflavour.

FORTNUM & MASON
181, Piccadilly, London W 1

Das englische Traditionshaus bietet sein breites Sortiment vorwiegend in Dosen an.
Viele Tees sind typische britische Broken-Tees, kräftig in der Tasse, gut mit Milch oder Sahne und Zucker zu trinken.
Genauere Hinweise über die Zusammensetzung der Mischungen fehlen leider auf den Dosen.

ROYAL BLEND TEA
Ein würziger, kräftiger, gehaltvoller, kleinblättriger Broken indisch-ceylonesischer Provenienz.

JASMINE TEA
Der zarte und zugleich sehr intensive Jasminduft hält sich lange in den schwarzen Dosen.

LIPTON GMBH
Postfach 305588, 20317 Hamburg

Das größte Teehaus der Welt, zum Unilever-Konzern gehörend, hat für den Lebensmittelhandel auch Blatt- und Broken-Tees im Sortiment, die preislich recht attraktiv sind und qualitativ über dem Durchschnitt liegen.

DARJEELING
Angenehm leichter Sommertee, unregelmäßiges Blatt.

ASSAM
Natürliches Flavour, dunkelfärbend.

EARL GREY
Kleines, zartes Blatt, angenehm frisch und blumig.

TWININGS & CO.
216, The Strand, London

IMPORT:
CLUB ENGLISH TEA, AM EGGENKAMP 8-10, 48268 GREVEN

In schöner Aufmachung bietet das Traditionshaus aus London Tees verschiedener Geschmacksrichtungen in Dosen und Paketen vorwiegend in Supermärkten und Kaufhäusern an.

LADY GREY TEA
Einer einfachen Blattmischung wurden Blütenteile und Zitrusschalen beigemischt. Fruchtig leicht im Geschmack, dunkel in der Tassenfarbe.

DARJEELING TEA
Kleinblättriger, herber Broken, fast schon Fannings der Spätsommerernten. Ein britischer Alltagstee, der mit Sahne und Zucker serviert werden sollte.

WINDSOR-CASTLE TEA CO. LTD.
Sir John Lyon House, EC4V 3LH London

IMPORT:
THE CASTLE TEA COMPANY, BRANDSTÜCKEN 16,
22549 HAMBURG

In altenglischer Aufmachung – orangefarbene Dosen und Pakete – bietet diese Firma ihren bekannten „Orange Pekoe“-Tee an.
Seit eh und je ein kräftiger Broken aus Ceylon (BOP). Stark ausgebautes, umfangreiches Sortiment.

ORANGE PEKOE TEA
Kräftiger, fruchtiger, gehaltvoller Broken – ein guter Early Morning Tea.

DARJEELING TEA
Diese Mischung – vorwiegend Broken – ist sehr kräftig und herb.

Meßmer
Darjeeling
Füllgewicht 1,75 g

TEEBEUTEL

BÜNTING GRÜNGOLD
Sehr schöner, angenehm würzig und malzig duftender und schmeckender, dunkelfärbender, typischer Assam-Tee – mit einem Tropfen Sahne und etwas Zucker ein Genuß.

LIPTON YELLOW LABLE, DER RUNDE BEUTEL
Mittelkräftig, metallisch, streng am Gaumen, wenig aromatisch.

BEST ENGLISH
Milder, einfacher Tee, stark nach Filterpapier schmeckend.

RONNEFELDT/LUKULL
Leicht färbender, hell abgießender, herber Tee, leider mit Pfefferminzgeschmack.

MESSMER DARJEELING
Leichte, mittelherbe Darjeeling-Mischung, einfacher, neutraler Geschmack.

MESSMER KLASSIK
Dunkelfärbender, mittelschwerer Tee, wohlschmeckend, dumpf.

MESSMER MAKAIBARI
Zarter, blumiger, sortentypischer und aromatischer Darjeelingtee, recht fein.

POMPADOUR GOLD
Unter allen probierten Aufgußbeuteln die rühmliche Ausnahme, feiner, mildherber, typischer Darjeeling-Geschmack, hell abgießend, angenehm duftend.

TEEFIX
Solider Geschmack, schnell färbend, neutral.

SIR WINSTON B.O.P.
Aromatische, leichte, herbe Komposition.

WINDSOR-CASTLE ORANGE PEKOE
Einfacher, neutraler, dunkelfärbender Tee.

Anhang

Glossar

Anhui, bedeutendes Teeanbaugebiet in Zentralchina
Assam, größtes Teeanbaugebiet der Welt
Autumnal-Tee, Herbsttee, buntes Blatt, schönes Aroma, nicht lange haltbar
B.O.P., Broken Orange Pekoe, Broken-Tee, kleine Blätter, ergiebig
Bi Luo Chun (auch Pi Lu Chun), zarter, sehr feiner grüner Tee aus China oder Formosa
Black Tea, schwarzer, fermentierter Tee
Blend, Mischung
Body, runder, vollmundiger Tee
Broken, Tees deren Blätter beim Rollen zerkleinert wurden, auch Kurzblatt-Tee genannt
Broker, Makler, der die Tees in Auktionen kauft und verkauft
Ceylon, Sri Lanka, tropische Insel südöstlich von Indien
Charakter, besondere geschmackliche Eigenschaften eines Tees
Chest, Teekiste
chesty, unangenehme Geschmacksveränderung, hervorgerufen durch das Verpacken in frisch hergestellte Teekisten
Clonals, Klone, hier: durch vegetative Vermehrung hervorgegangene – daher erbgleiche – Pflanzen
Congou, allgemeine Bezeichnung für alle schwarzen chinesischen Tees
creamy, beim Erkalten des Tees sich verändernde Tassenfarbe, speziell bei Assamtees
cremen, Entstehen des creamy

CTC-Tee, maschinell hergestellter Tee, wird bevorzugt für Aufgußbeutel verwendet
curly, gedrehtes, rundes Blatt, speziell bei Lowgrown-Ceylontees
Darjeeling, Teeanbaugebiet, Hochland und Stadt im Himalaja,
Dimbula, Anbaugebiet für feinste aromatische Tees, im Herzen Ceylons (Sri Lanka) gelegenes Hochland
Dooars, bedeutendes Anbaugebiet in Nordindien, Flachland zwischen Darjeeling und Assam gelegen
Dust, feinste Absiebung der Teeproduktion, kleinstes, dunkelfärbendes Korn
Earl Grey, mit Bergamotteöl aromatisierter Tee
English Breakfast, typischer Early morning tea, belebend und frisch
Estate, Teegarten, Teeplantage
Fannings, Teeaufgußbeutel-Sortierung bzw. Absiebung, kleinblättriger Tee
Fermentation, ein Gärungs- oder Oxidationsprozeß in den Teeblättern, bei dem durch Sauerstoffeinwirkung die Blattfarbe wechselt und die Geschmacks- und Geruchsstoffe erschlossen werden
fibry, mit kleinen Blattrippen bzw. Stengeln durchsetzter Tee
First Flush, erste Pflückung nach der winterlichen Vegetationsruhe
flaky, offenes, leichtes Teeblatt
Flavour, Duft und Aroma des Tees
Flowery, Orange Pekoe (FOP), Blatt-Tee
Garten, Teeplantage
Grade, Blattsortierung
Gunpowder, kugeliger, grüner, meist sehr einfacher Tee aus China und Formosa
Highland Tea, hoch im Gebirge wachsender, meist sehr aromatischer Tee, gutes Flavour
Hybride, aus der Kreuzung zweier (Tee-)Pflanzen entstandene Züchtung
Infusion, aufgebrühte, aufgequollene Teeblätter

Instant Tea, meist aus sehr preiswerten und geringwertigen Tees hergestellter löslicher Tee

Invoicenumber, Plantagenbezeichnung für Partie/Lot oder Break

Jasmintee, mit Jasminblüten aromatiserter grüner Tee, vorwiegend aus China und Taiwan

Katechin, wichtigste der in den Teeblättern enthaltenen Gerbsäuren

Keemun, schwarzer, feiner, milder nussiger Tee aus China

Koffein, entspricht Tein, anregender Inhaltsstoff in Kaffee bzw. Tee

Lapsang Souchong, Rauchtee

leafy, blattiger Tee, längere Blattstücke

leicht, light, wenig kräftig aufgießender, meist einfacher Tee

malty, malzig, würzig, typisches Qualitätsmerkmal für Assamtees

Muscatel-Flavour, typisches Aroma von Spitzentees ausgesuchter Pflanzen der Sommerernte (z.B. Plantage Castleton/Darjeeling)

Nilgiri, Blue Mountains, Bergland und Hochebene in Süd-**Indien,** Teeanbaugebiet

Oolong, halbfermentierter Tee aus Formosa, leicht anfermentierter, jedoch grüner Tee aus China

Orange Pekoe (OP), Blatt-Tee

organischer Teeanbau, Anbau ohne Pestizide und Kunstdünger

overfired, leicht verbrannt schmeckender Tee

Panfired, in heißen Pfannen geröstete grüne Teeblätter, vorwiegend in China

Pekoe (P), Blatt, in Ceylon vorwiegend Blattbezeichnung für groben Broken (kleinen Blatt-Tee)

Qualität, Bezeichnung des Geruchs, Geschmacks der Tassenfarbe und des Aussehens des Tees

Rollmaschine, bricht die Zellen des frisch gepflückten Teeblatts auf, damit Sauerstoff an die einzelnen Zellen gelangen kann, um die Fermentation zu beschleunigen

Scented Teas, künstlich aromatisierte Tees

Schattenbäume, auf Plantagen häufig zwischen die Teesträucher gepflanzt, um sie vor zu starker Sonneneinwirkung zu schützen
Second Flush, zweite Pflückung, Sommertees, ausgereifte Sorten
Selfdrinker, ein Tee, der seinen Charakter selbst unter schlechten Zubereitungsbedingungen behält
Sencha, bekanntester japanischer Grüntee
Sikkim, Teilstaat Indiens im Himalajagebirge in der Nähe von Darjeeling, Teeanbaugebiet
Sortieren, Absieben einzelner Blattgrade
Süße, vorwiegend vorzufinden bei feinsten Second-flush-Tees
Teabag, Aufgußbeutel
Teeprüfer, Tea taster, Experte für das Verkosten und Beurteilen der Tees
Thea assamica, Assamsaat-Teepflanze, kräftig, gehaltvoll, gedeiht nur im Flachland der Tropen
Thea sinensis, Chinasaat-Teepflanze, feinblumig und mild, vorwiegend als Highgrown Tea zu finden
Third flush, Regentees, Haupterntemenge in Darjeeling
Tippy Tee, Tee mit sehr vielen goldenen oder silbrigen Teeblattspitzen
Uva, Anbaugebiet im Osten Ceylons, feinste Sommertees

Register